미랑이와 마리의 사랑 이야기

미랑이와 마리의 사랑 이야기

초판 1쇄 인쇄일 2020년 5월 27일
초판 1쇄 발행일 2020년 6월 3일

지은이 신원우
펴낸이 양옥매
그 림 박해민
디자인 임홍순
교 정 조준경

펴낸곳 도서출판 책과나무
출판등록 제2012-000376
주소 서울특별시 마포구 방울내로 79 이노빌딩 302호
대표전화 02.372.1537 **팩스** 02.372.1538
이메일 booknamu2007@naver.com
홈페이지 www.booknamu.com
ISBN 979-11-5776-903-2 (73100)

이 도서의 국립중앙도서관 출판시도서목록(CIP)은
서지정보유통지원 시스템 홈페이지(http://seoji.nl.go.kr)와
국가자료공동목록시스템(http://www.nl.go.kr/kolisnet)에서
이용하실 수 있습니다. (CIP제어번호 : CIP2020021524)

*저작권법에 의해 보호를 받는 저작물이므로 저자와 출판사의 동의 없이 내용의 일부를 인용하거나
  발췌하는 것을 금합니다.
*파손된 책은 구입처에서 교환해 드립니다.

슬기교육 시리즈 ❷

미랑이와 마리의 사랑이야기

● 신원우 지음 ●

시작하는 말

　살아 있는 모든 것들은 사랑 속에서 태어나 사랑 속에서 살다가 다시 나왔던 곳으로 돌아갑니다.
　그렇지만 사랑하며 살면서도 그런 것을 잘 모르는 경우가 많아요. 부모와 자녀 간의 사랑도 그렇고요. 어쩌다가 사랑한다는 말로 표현하더라도 그것이 전부일 수는 없겠지요.
　그런데 그런 사랑은 사람들 사이에서만 일어나는 걸까요? 동물과 식물은 서로 사랑할 수 없는 걸까요?
　개구리인 마리는 어느 날 민들레인 미랑이를 만나 서로 사랑하게 됩니다. 그렇지만 이 둘의 사랑은 아주 특별합니다.
　미랑이는 꽃을 피우고 정성 들여 가꾼 토실토실한 열매를 솜털에 달아 날려 보내지만 그 씨앗이 살아날 가능성은 거의 없었어요. 둘레가 온통 시멘트로 덮여 있었기 때문이었지요.
　한편 자신이 낳은 알을 모두 잃어버린 마리는 모든 희망을 잃게 됩니다. 며칠 동안 아무것도 먹지 못한 마리는 미랑이의 꽃봉오리를 발견하고는 먹잇감으로 생각하며 덤벼들기도 합니다.

그렇지만 그런 만남으로 인해 이 둘은 서로 도우며 살아가게 됩니다. 서로 사랑한다는 말은 하지 않지만 실은 깊은 사랑을 하게 되죠. 그러던 어느 날, 기운을 차린 마리는 자신이 낳은 알을 찾아 길을 떠납니다.

그런 마리의 앞에는 엄청나게 큰 어려움도 놓여 있었어요. 물론 그곳에는 멋진 슬기도 감춰져 있었지만 말이에요.

마리는 과연 그런 슬기를 찾아 자신이 처한 어려움을 극복하고 꿈을 이룰 수 있을까요?

어린이 여러분!

사랑이란 무엇일까요? 이 물음에 대한 답을 찾기 위해 마리와 함께 신비로운 모험을 떠나 보지 않으실래요?

한국인은 사랑이란 말에 엄청나게 큰 슬기를 담아 놓았어요. 그런 슬기를 함께 찾아보지 않으실래요?

2020년 6월

신원우(교육학 박사)

차례

시작하는 말 　　　　　　　　　　　4

사랑이란
무엇인가?

① 아기 민들레 미랑이 이야기　　　10
② 달님을 만난 미랑이　　　　　　14
③ 미랑이, 위험에 처하다　　　　　18
④ 엄마 개구리 마리 이야기　　　　24
⑤ 미랑이와 마리의 첫 만남　　　　31
⑥ 미랑이, 위험에서 벗어나다　　　36
⑦ 친구가 된 미랑이와 마리　　　　43
⑧ 마리, 희망을 품다　　　　　　　60
⑨ 미랑이, 꽃을 피우다　　　　　　69
⑩ 아기 씨앗과의 마지막 인사　　　78
⑪ 마리의 도전, 그 후　　　　　　87
⑫ 마리의 바람　　　　　　　　　95
⑬ 마리, 아기씨를 만나다　　　　104
⑭ 모두가 행복해질 수 있는 방법　109
⑮ 마지막 힘을 다하여　　　　　118
⑯ 크나큰 사랑으로　　　　　　123

슬기 찾기 활동

1. 슬기 찾기 활동 문제 만들기   137
   - **1단계**   각 장에서 찾아볼 수 있는 기본 문제   137
   - **2단계**   둘이서 생각을 나눠 볼 수 있는 문제   139
   - **3단계**   여럿이서 생각을 나눠 볼 수 있는 문제   142
   - **4단계**   이 이야기의 배경이나 주제와 관련된 문제   145

2. 슬기 찾기 활동의 방향 알아보기   148
   - ◆ 한국인은 빛이란 말에 어떤 슬기를 담아 왔을까?   148
   - ◆ 산다는 것은 무엇일까?   150
   - ◆ 사랑이란 무엇인가?   153
   - ◆ 삶의 터전을 어떻게 지켜 줄 수 있을까?   156

3. 슬기 찾기 활동 실제로 해 보기   158

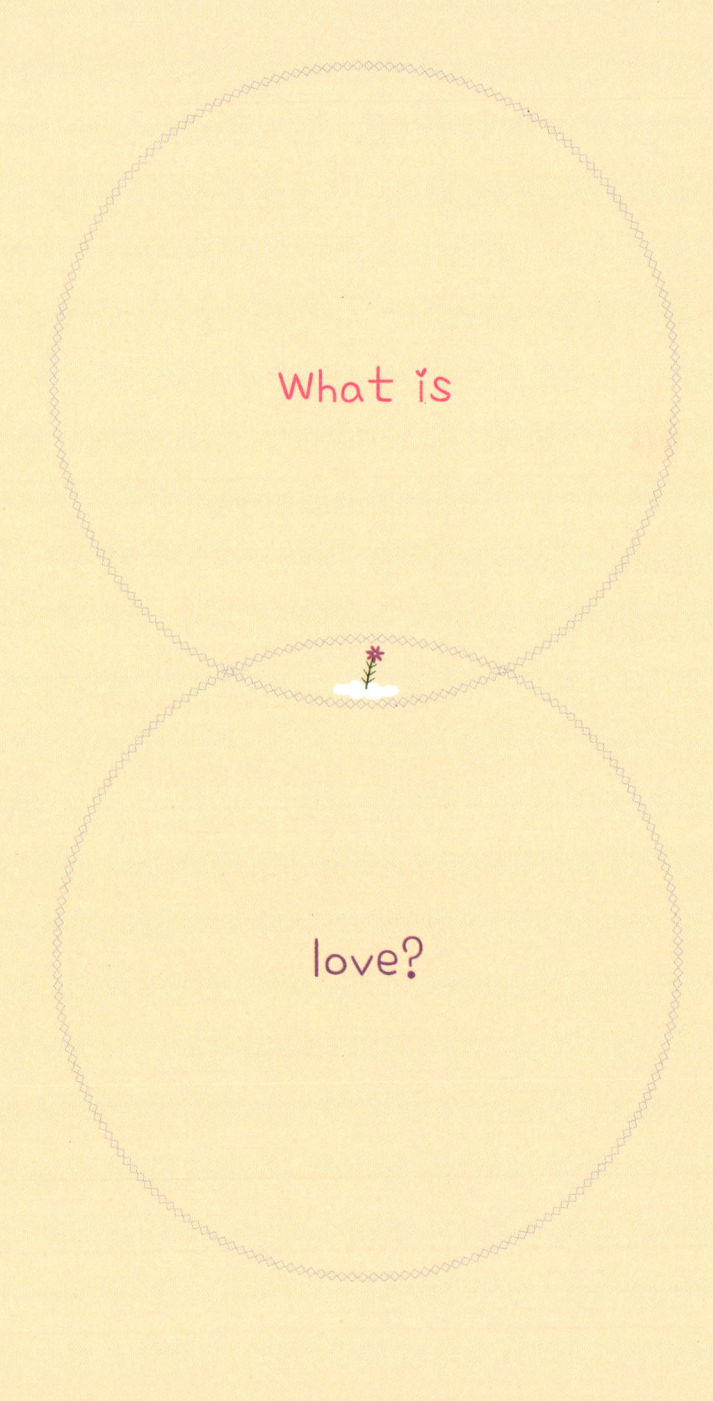

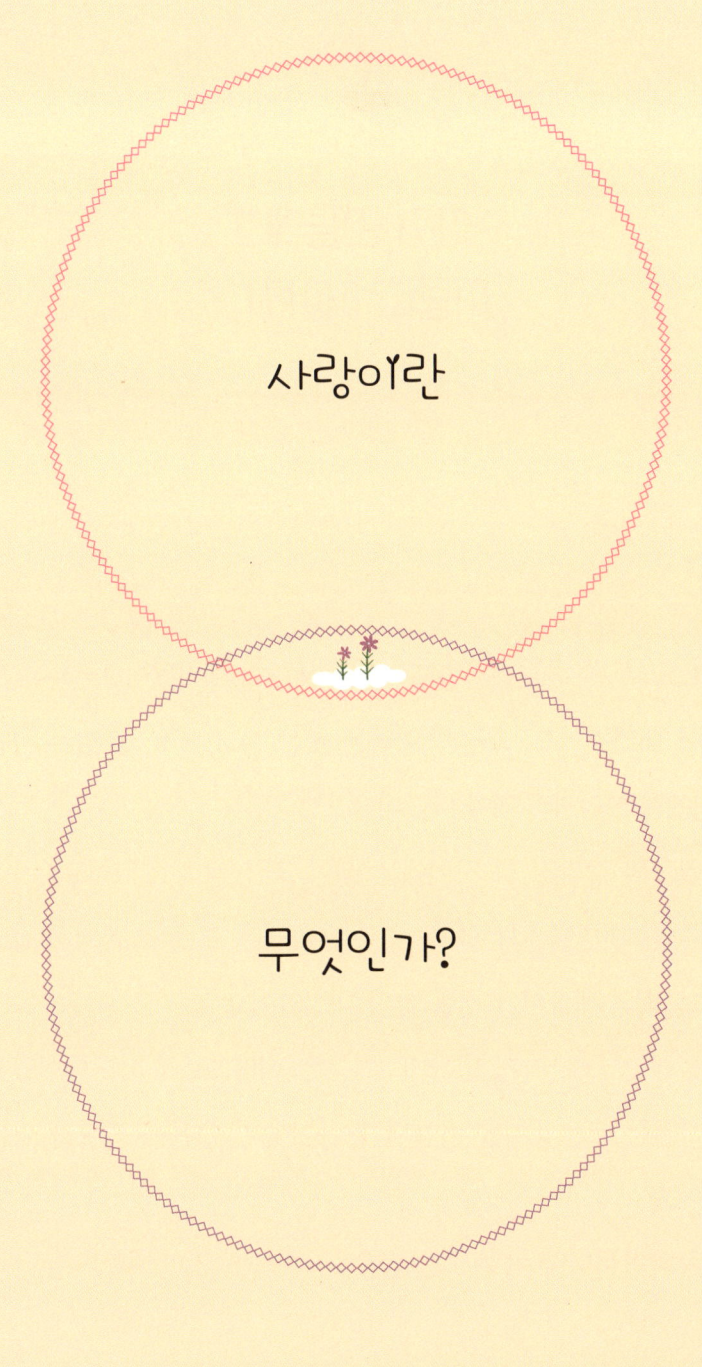

아기 민들레
미랑이 이야기

푸르고 푸른 하늘에서 밝고 맑은 햇살이 내려왔어요. 눈이 부시도록 내려왔어요. 그렇게 내려온 햇살은 그늘 한 점 없는 시멘트 위에서 이리저리 튀어 나갔어요.

시멘트의 갈라진 틈 사이에는 흙이 조금 쌓여 있었어요. 지난번에 내린 빗방울 덕분인지, 촉촉하게 젖은 흙을 조금씩 비집고는 초록빛의 새싹이 고개를 살짝 내밀었어요.

민들레였어요. 아기 민들레. 이름은 미랑(민들레, 5일, ♀)이었어요. 이유는 모르겠지만 아름답게 돋아났기 때문에 붙여진 이름 같았어요.

길쭉하면서도 끝이 뾰족한 잎을 기분 좋게 내민 미랑이는,

"아! 상쾌하다."

라고 말하며, 포근한 햇살을 마음껏 즐겼어요.

바람이 살랑살랑 불어왔어요.

5월의 따뜻한 햇살을 받아 그런지, 포근하게 느껴지는 바람이었어요.

미랑이는 주변을 둘러보았어요. 그렇지만 아무리 둘러봐도 딱딱한 시멘트와 여기저기 굴러다니는 돌멩이뿐이었어요.

함께 놀 만한 친구는 한 명도 없었어요. 그래서 지나가는 바람에게 말을 걸어 봤어요.

"바람님! 바람님! 상쾌한 바람님! 저랑 같이 놀아 줘요."

이 말을 듣고 바람은 아쉬운 표정을 지으며 말했어요.

"나도 너랑 같이 놀고 싶어. 그렇지만 너랑 같이 놀기에 너의 잎은 너무 어려 보이는구나! 그렇게 연약한 잎에는 머무를 수가

없어. 머무를 수 없으니 같이 놀 수도 없고 말이야."

"괜찮아요. 조금만 놀아 줘요. 그것만으로도 저에게는 충분한 걸요."

"그렇구나!"

"바람님과 같이 놀면 전, 저의 잎과 줄기를 더욱 튼튼하게 키울 수가 있어요."

"그래?"

바람은 믿을 수가 없다는 표정으로 말했어요.

"정말이고말고요."

미랑이는 진지하게 대답했어요. 미랑이의 말을 듣고 바람은 무척 기뻤어요.

그렇지만 아직도 믿기지가 않는 듯 다시 또,

"진짜?"

라고 물어보는 것이었어요. 살짝 웃으면서 말이에요. 지금까지 바람님에게 놀아 달라고 한 식물은 하나도 없었거든요.

"그럼요. 진짜예요, 진짜. 바람님과 같이 놀면, 몸 안에 있는 물기를 날려 보낼 수가 있어요. 그러면 몸이 가볍고 상쾌해져요. 그리고…."

"다른 것도 있는 거야?"

바람은 더욱더 큰 관심을 보이며 말했어요.

"네, 있지요."

미랑이는 웃음을 살짝 머금고는 대답했어요.

"그게 뭔데?"

"바람님과 같이 놀면 바람님에게 지지 않으려고 버틸 텐데, 그런 것을 통해 내 몸을 더 튼튼하게 만들 수 있어요. 옆으로 넘어지지 않도록 줄기를 더욱더 튼튼하게 만들 수가 있거든요."

"그렇구나!"

"바람님이 꼭 저랑 놀아 주셔야 해요. 그래야만 저는 튼튼하고 기분 좋게 자라날 수가 있어요. 그러니 하루에 한두 번쯤은 저랑 같이 놀아 주지 않을래요?"

"응. 좋아! 그럼, 점심때나 저녁때는 놀러 올게. 하루에 두 번씩."

"고마워요!"

고맙다는 말을 듣고 바람은 무척 기뻤어요. 처음에는 미랑이의 여린 잎이 꺾일까 봐 조심하면서 지나갔는데, 이제는 그렇게 조심하지 않아도 될 것 같았어요.

'앞으로는 자신감을 갖고 미랑이와 같이 놀아 줘야지.'

바람은 기분 좋게 지나갔어요.

2

달님을 만난
미랑이

맑고 푸르렀던 하늘도 어느덧 어둑어둑해졌어요. 해님은 벌써 산 너머로 넘어가 버리고 말았어요. 바람님과 같이 놀다 보니 해님이 넘어가는 줄도 몰랐던 것이었어요.

'앗! 해님에게도 드릴 말씀이 있었는데….'

미랑이는 아쉬움을 달래며 해님이 넘어간 하늘을 올려다보았어요. 하늘은 어느새 붉게 물들어 있었어요. 정말 아름다운 하늘이었어요.

시간이 좀 지나자 짙은 어둠이 하늘하늘 내려왔고, 그렇게 하늘거리는 틈으로 하얀 얼굴이 보였어요. 달님이었어요.

"달님!"

미랑이는 달님을 불러 보았어요.

"어! 누가 날 불렀지?"

달님은 미랑이가 보이지 않았는지 두리번거리며 찾아봤어요.

"여기예요. 여기!"

미랑이는 달님을 향해 있는 힘껏 소리쳤어요.

그렇지만 그 소리는 모기 소리만큼이나 작았어요. 그래도 달님이 귀를 바짝 기울이며 소리가 나는 쪽을 바라보니, 그곳에는 무럭무럭 자라나고 있는 아기 민들레의 모습이 보였어요.

"왜 나를 불렀지?"

"달님! 저는 목이 말라요. 시원한 물 좀 주세요."

"미안하구나! 주고 싶지만, 지금은 물을 갖고 있지 않아 너에게 줄 수가 없단다."

"그래요."

미랑이는 실망했지만 꿋꿋한 모습을 보이려고 노력했어요.

"그렇지만, 얘야. 조금만 기다려 보려무나!"

"예에? 기다려 보라고요?"

미랑이는 달님이 목을 축일 수 있는 무엇인가를 주지 않을까 하는 기대감에 부풀어 귀를 기울여 보았어요.

"그래. 조금 지나면…. 우리 미랑이가 잠이 들고 나면 너의 그 고운 잎에 아주 맛있는 물이 고일 거야. 그러니 좀만 더 기다려 보렴."

"예."

미랑이는 달님이 무슨 말씀을 하는지는 잘 몰랐지만, 그 말을 믿어 보기로 했어요.

달님은 어둠 속에 어스름한 빛을 내려 주는가 싶더니 어느새 구름 사이로 몸을 숨겼어요.

미랑이도 곧 잠이 들고 말았어요. 아주 깊은 잠이 들어서 그런지 꿈조차 꾸지 않았어요.

이른 아침, 미랑이가 부스스한 모습으로 눈을 떠 보니 자신이 내민 두 잎에는 어느새 많은 물방울이 맺혀 있었어요. 이슬이었어요.

'이것이었구나! 달님이 기다려 보라고 한 것은.'

고마운 마음으로 이슬을 받아먹었어요. 달콤했어요. 그리고 보니 발밑의 흙도 촉촉하게 젖어 있었어요. 얼른 뿌리를 뻗어 그 물기를 빨아들였어요.

온몸에 기운이 솟는 것 같았어요.

3

미랑이, 위험에 처하다

미랑이는 바람님이 놀러 왔나 둘러보았어요. 그렇지만 바람님의 모습은 보이지 않았어요.

그런데 이것은 또 어떻게 된 일일까요?

저 멀리 보이는 산에 불이 난 것처럼 타오르는 모습이 보였어요. 그중에서도 꼭대기 부분이 발갛게 활활 타오르는 것이 아니겠어요?

그러고 보니 어제 저녁에 보았던 붉은 노을보다 더 붉게 타오르는 것이었어요.

'아하! 그렇구나. 불이 난 것이 아니라, 해님이 나오려는 것이구나!'

이런 생각이 들자 붉게 물든 아침 하늘이 갑자기 아름답게 보이기 시작했어요.

'해님이 나오는 모습은 굉장하구나!

정말 아름다워!

나도 해님처럼 아름답게 자라나야지.'

미랑이는 이런 꿈을 마음속에 품으며, 어떤 놀이를 하면 재미있을지 곰곰 생각해 보았어요.

'아! 그렇지. 해님에게 바라는 게 있었지.

해님이 빨리 나왔으면 좋겠는데….'

미랑이가 이런 생각을 하고 있는데, 해님이 산 위로 붉은 얼굴을 내밀었어요. 그러는가 싶더니 밝은 빛을 이쪽저쪽으로 마음껏 보내 주는 것이었어요.

"해님! 해님! 저에게도 많은 빛을 보내 주세요."

미랑이는 해님을 바라보며 이렇게 말했어요.

"응! 알았다."

"고맙습니다."

"그런데 왜 그렇게 많은 빛을 필요로 하지?"

"저는 해님의 빛이 있어야 몸을 키우고 꽃을 피우는 데 필요한 영양분을 만들어 낼 수 있거든요. 그러니 해님이 가진 빛을 많이 많이 나눠 주셔요. 네?"

"너는 아직 너무 어린데, 그래도 괜찮겠니? 네가 빛을 너무 많이 받으면 잎이 탈 수도 있는데."

"괜찮아요. 저는 빨리 커서 내 꽃을 보고 싶어요."

"꽃?"

"네, 저는 제 몸에서 피어나는 꽃이 어떤 색깔일지 무척 궁금해요."

"그렇구나! 그것이 궁금하구나, 우리 아기[1]는…."

"네, 저는 무척 궁금해요. 해님을 닮은 노란색의 꽃일까? 아니면…."

"아니면?"

해님은 정말 관심이 있다는 듯 물어보셨어요.

"아니면, 달님을 닮은 하얀 색깔의 꽃일까? 저는 그것이 무척 궁금하거든요."

미랑이는 눈이 좀 부셨지만 해님을 보면서 또박또박 말씀드렸어요.

"그렇구나! 그럼, 좋다. 우리 아기가 무럭무럭 자라도록 많은 빛을 나눠 주도록 하지."

이처럼 해님은 기분 좋게 말씀하셨어요.

---

[1] '싹'이란 낱말은 '씨+아+ㄱ'으로 되어 있다. 뒷부분의 '아+ㄱ'은 '아기'이다. 그러므로 싹이란 '씨의 아기'이고, '씨에서 나온 아기'를 뜻한다. 이런 분석에서 '아기'라는 표현을 쓰게 되었다.

"네, 고맙습니다. 매일매일 많이많이 주셔야 해요."

미랑이는 해님께 고마움의 인사를 드렸어요.

"그래그래."

해님은 이렇게 대답하며 밝게 웃었어요. 해님의 밝은 웃음을 본 미랑이는 무척 기뻤어요.

'무럭무럭 자라나야지.'

미랑이는 바람님 덕분에 몸을 튼튼하게 키울 수 있었고, 달님 덕분에 달콤한 물을 먹을 수 있었어요. 그리고 해님 덕분에 무럭무럭 자라날 수 있었어요.

그러던 어느 날이었어요. 뿌리 한쪽 옆이 근질거렸어요.

무엇인가 동글동글한 것이 뿌리를 비집고 나왔어요. 그러더니 하루가 지나고 이틀이 지나자, 저 푸른 하늘을 향해 불쑥 솟아올랐어요.

굵고 튼튼한 꽃대였어요.

'야호! 드디어 나왔다. 나왔어!'

미랑이는 춤을 추고 싶을 만큼 기뻤어요. 꽃대 끝에는 아주 작은 봉오리가 달려 있었거든요.

'어떤 색깔의 꽃이 피어날까?'

미랑이는 그 봉오리에서 얼마나 예쁜 색깔의 꽃이 나올까 하는 생각에 마냥 행복하기만 했어요.

'달님처럼 하얀 꽃이 나올까? 아니면, 해님처럼 노란 꽃이 나올까?'

이런 생각을 하면 웃음이 절로 솟아났고 기쁨에 들떴어요.

이날도 이런 행복에 젖어 해님과 놀고 있는데, 저쪽에서 부스럭하는 소리가 들려왔어요.

자신을 향해 다가오는 무엇인가가 있었어요.

아무래도 높이 올라간 꽃대를 향해 달려오는 것 같았어요. 자신의 가장 소중한 것을 향해 말이에요.

'앗! 위험해.'

미랑이는 직감적으로 위험하다는 것을 느꼈어요.

그것이 무엇인지는 밝혀지지 않았지만, 무시무시한 것만큼은 사실이었어요. 그리고 그 무시무시한 것이 자신을 향해 껑충껑충 뛰어오고 있는 것이었어요.

'오지 마! 가까이 오지 마!'

이렇게 외치며 껑충껑충 뛰어오는 것을 살펴보니, 초록색 바탕에 검은색의 점들이 군데군데 들어가 있었어요. 크기는 주먹만 했고요.

숨을 헐떡거리며 뛰어온 그 동물은 잠깐 멈추는가 싶더니 이내 곧 미랑이를 향해 큰 입을 쫙 벌렸어요.

그러고 보니, 높이 솟아오른 꽃봉오리가 이 동물에게는 먹이처럼 보였나 봐요. 아주 맛 좋은 먹잇감으로 말이에요.

쩍 벌어진 입과 부리부리한 눈을 보자마자 미랑이는 깜짝 놀랐어요. 그래서 자신도 모르게 소리를 질렀어요.

"꺅!"

엄마 개구리
마리 이야기

이틀 전.

'이를 어떡하지? 어떡해.'

걱정이 태산 같았어요.

'얼마 전까지만 해도 없었는데….'

이런 생각으로 좋았던 옛 시절을 떠올려 보았지만 아무런 소용이 없었어요. 그런 생각이 눈앞에 보이는 높고 단단한 벽을 허물어뜨릴 수는 없는 일이었으니까요.

깊은 물길에 빠진 마리(참개구리, 5세, ♀)는 막막하기만 했어요. 눈앞에 보이는 벽을 넘어가야 하는데, 마리에게는 그럴 만한 힘이 없었거든요.

그렇지만 포기하지 않고 끝까지 도전해 보기로 했어요.

벽을 향해 힘껏 뛰어 보았어요. 뛰고 또 뛰고 죽을힘을 다해 높이 뛰어 보았어요.

'아! 이를 어쩌지. 반의반에도 닿지 않잖아.'

마리는 실망감을 감출 수 없었어요.

그랬어요. 새로 생긴 벽은 너무나도 높았어요. 뛰고 또 뛰어 봤지만 여전히 그 벽을 넘을 수는 없었어요.

'아아! 그렇지. 그래, 그래.'

갑자기 마리에게 좋은 생각이 떠올랐어요.

그러고 보니 그 생각이란 높이 뛰는 것이 아니라 기어 올라가는 것이었어요.

마리는 앞발과 뒷발의 발가락 끝에 온 힘을 모았어요. 그런 다음 벽에 딱 달라붙어 기어오르기 시작했어요.

힘을 너무 주어 그런지 손바닥과 발바닥이 아파 오기 시작했어요.

그렇지만 밑으로 떨어지지 않으려면 그런 고통도 꾹 참는 수밖에 없었어요.

'아! 이것 봐! 이를 어쩌지.'

얼마 올라가지도 못했는데, 너무도 아팠어요.

아픈 곳을 살펴보니 그곳에는 피가 뭉쳐 있었어요. 발갛게 부어올랐어요. 그렇게 부어오른 손바닥과 발바닥은 점점 더 말라갔고 열도 나기 시작했어요.

알을 가득 품고 있어 불룩한 배가 벽에 닿는 바람에 착 달라붙어 있는 것도 쉬운 일이 아니었어요.

'이러다가 큰일 나겠어.

발바닥에 끈기가 없어 떨어지겠어. 어떡하지….'

90도로 솟아오른 시멘트 벽을 계속하여 기어 올라가다 보니, 배뿐 아니라 머리도 빙빙 도는 느낌이 들었어요.

그때였어요.

"뜨악! 사람 살려[2]."

벌겋게 달아오른 발가락이 더 이상 버틸 수 없었던지 그만 벌러덩 미끄러지고 말았어요.

마리는 뒤로 나가떨어졌어요. 뒤로 벌렁 누운 모습으로 바짝 마른 물길에 곤두박질치고 만 것이었어요.

불룩하게 솟아오른 하얀 배를 하늘로 내민 채 마리는 앞발과 뒷발을 허우적거리며 가쁜 숨을 몰아쉬었어요.

바닥에 닿은 등 부분은 부서질 듯 아팠어요. 그뿐이 아니었어요. 등 부분이 왜 그렇게 뜨거운지 모르겠어요. 마치 등가죽에 불이라도 붙은 듯 활활 타오르는 것 같았거든요. 어쩌면 그동안 받은 햇볕에 바닥이 뜨겁게 달구어져 있었기 때문이었는지도 모르겠어요.

그렇지만 죽을 것만 같은 그런 고통도 참지 않으면 안 되었어요.

'어서 빨리 이 물길을 넘어 논으로 들어가야 하는데…'

마리는 초조한 마음으로 아픈 몸을 일으켜 보았어요. 그렇지만 잘 움직여지지는 않았어요.

---

[2] 개구리는 자신을 개구리라고 생각하지는 않을 것이다. 개구리란 이름은 사람이 지어 준 이름이기 때문이다. 개구리의 입장에서 보면 그저 살아 있는 온갖 것들 중의 하나일 것이다. '살아 있는 것'이라는 의미에서 '사람'이란 표현을 쓰게 되었다.

그래도 뒷발에 힘을 모아 여러 차례 움직여 보았어요. 몇 차례를 그렇게 했는지는 모르겠어요. 그러다 보니 어느새 뒷발이 물길의 벽에 닿은 것 같았어요.

'옳지! 됐다.'

마리는 뒷발로 그 벽을 힘껏 밀며 몸을 굴려 보았어요.

'아! 이제야 바로 되었네.'

안도의 한숨을 내쉬며 마리는 숨을 골랐어요. 정말로 죽다가 살아난 기분이었어요.

'살았다, 살았어.'

살아난 기쁨에 다시 또 안도의 한숨을 내쉬며, 이번에는 고개를 들어 물길의 벽을 찬찬히 살펴보았어요.

그랬어요. 이 물길은, 시멘트로 만들어진 이 물길은 어제까지만 해도 분명 없었어요.

한글의 디귿(ㄷ)을 위로 돌려놓은 모양(ㄊ)으로 생긴 이 물길은 얼마 전까지만 해도 없던 것이었어요.

며칠 전에 만들어진 것이 분명했고, 그렇게 만들어진 물길은 논의 이쪽과 저쪽을 두 부분으로 갈라놓았어요.

물길을 중심으로 이쪽은 논으로 이어졌고, 저쪽은 길, 그러니까 농사짓는 길로 이어져 있었어요.

그리고 그 길은 정말 위험했어요. 사람들만 지나가는 것이 아니라 경운기도 지나갔고, 트랙터도 달려갔거든요.

만일 그쪽으로 지나간다면 경운기나 트랙터에 깔려 죽을 수도 있었어요. 그렇기 때문에 그쪽으로는 절대로 가면 안 되었어요.

그런데 이상하게도, 그렇게 생긴 길의 가장자리에는 튼튼하게 생긴 풀이 한 포기 있었어요. 신기하게도 그 풀은 시멘트의 갈라진 틈에서 자라나고 있었어요.

민들레였어요.

그렇지만 이렇게 예쁘게 돋아나 있는 민들레의 모습도 깊은 물길에 빠져 버린 마리는 볼 수 없었어요.

너무도 지쳤기 때문일까요? 아니면 배가 몹시 고팠기 때문일까요? 어쩌면 둘 다일지도 모르겠어요. 무척이나 지치고 배가 고팠기 때문에 눈에 들어오는 것이 없었어요. 높이 뛰면 가까스로 볼 수도 있었겠지만, 마리에게는 그럴 만한 힘이 없었거든요.

그렇다고 하여 벽을 기어오를 수도 없었어요. 그 벽은 너무 높았거든요. 실은 그 벽이 너무도 높았기 때문에 그 아래에 있던 마리는 그 풀을 볼 수 없었던 것이었어요.

'얼마 전까지만 해도 올라갈 수 있었는데. 이쪽이든 저쪽이든….'

보들보들한 흙과 그런 흙에 뿌리를 내린 많은 풀들, 그런 풀들로 뒤덮인 둑을 지나 물이 가득 고여 있는 논으로 들어갈 수

있었는데….'

마리는 이런 생각을 하면 할수록 원통하고 분했어요. 그러면서도 배 속에 들어 있는 알들을 생각해 보았어요.

'어서 빨리 미지근한 물속에 알을 낳아야 할 텐데. 고여 있는 물속에 알을 낳아야 할 텐데.'

이런 생각을 하면 할수록 속이 상했고 화도 났어요.

'도대체 누가 이런 물길을 만들어 놓았을까?'

하지만 일이 이미 이렇게 된 이상, 화를 낸다 한들 소용없는 일이었어요.

배 속에 들어 있는 알을 위해서는 그와 같은 원통함을 참고 견디며, 당장이라도 이곳에서 빠져나가지 않으면 안 되었어요.

그렇지만 배는 점점 더 불러 오고, 무거워졌어요. 지치고 배도 너무 고팠어요.

오늘은 어쩔 수 없는 것 같았어요. 몹시도 지치고 배가 고팠던 탓인지, 마리는 해가 넘어가자마자 잠이 들고 말았어요.

5

미랑이와 마리의
첫 만남

어느덧 아침이 밝았어요.

일어나 보니, 물길의 한쪽에 물이 고여 있는 곳이 보였어요.

그러고 보면 물길을 만드는 재료인 시멘트와 시멘트를 서로 이어 놓은 부분에 조금 파인 곳이 있었어요. 그곳에는 물이 고여 있는 것 같았어요.

'옳지! 좋아. 저곳에 알을 낳아야겠다.'

이렇게 생각한 마리는 그곳에 알을 낳았어요.

'지금은 이렇게 물이 조금 고여 있지만, 조금 있으면 이 물길에도 물이 가득 찰 거야. 그러면 내가 낳은 알들도 무럭무럭 자라날 수 있겠지.'

이런 기대감에 부풀어 마리는 알을 낳고 또 낳았어요.

그렇지만 대체 이게 또 어찌 된 일일까요?

조금 지나자 물이 정말 물길을 타고 흘러들어오기 시작했어요. 처음에는 조금씩 내려오더니 더 많이 내려오고 또 더 많이 내려오기 시작했어요.

'안 돼! 안 돼! 이렇게 한꺼번에 많이 내려오면 어떡해!'

마리는 깜짝 놀랐어요. 예상보다 물이 너무 많이 흘러내렸고 물살도 빨랐거든요.

마리는 세차게 흘러가는 물에 떠내려가지 않도록 온 힘을 다해 헤엄을 치기 시작했어요.

한참을 헤엄치고 있는데 그때 마침 이런 생각이 들었어요.

'이크! 이를 어떡하지? 내가 낳은 알들….

전부 떠내려가면 어떡하지? 어떡해?'

마리는 이런 걱정을 하며 알을 찾아봤으나 알은 이미 다 떠내려간 뒤였어요. 한 알도 보이지 않았어요.

'고여 있는 물'이라고 생각했던 마리의 예상은 완전히 빗나가고 만 것이지요.

그렇다고 하여 떠내려가는 알들과 함께 떠내려갈 수도 없는 노릇이었어요.

한꺼번에 많은 물이 밀려왔기 때문에 그대로 있으면 그 물결에

휩쓸려 죽을지도 모르는 일이었거든요.

떠내려간 알들이 걱정은 되었지만, 물속에서도 그 알들은 살 수 있었기 때문에 나중에 다시 찾아보기로 했어요.

우선은 급하게 내려오는 물살을 피하기로 했어요.

마리는 이를 악물고 물살을 거슬러 헤엄을 쳤어요. 점점 더 물살이 빨라지고 물의 양이 많아지면서 점점 더 힘에 부쳤어요.

그래도 거슬러 헤엄치며 높이 떠오를 수 있도록 했고, 될 수 있으면 뒷발을 이용하여 가장자리 쪽으로 몸을 붙여 보았어요.

그런 노력이 성공하여 이제는 벽에 앞발이 닿았고 살살 기어오를 수 있을 것 같았어요. 잘만 하면 벽을 넘을 수도 있을 것 같았어요.

'옳지. 한번 해 보자.'

마리는 이런 생각으로 벽에 붙은 다음 살살 기어오르기 시작했어요.

그렇게 기어오르기 시작한 지 얼마 되지 않아 드디어 물길의 벽을 넘을 수 있었어요.

그렇지만 물살이 너무 빨라서 그런지, 처음의 위치보다는 뒤로 한참 떠내려간 것 같았어요. 그동안 자신이 살던 곳과는 좀 달랐거든요.

마리는 물길에서 나왔지만, 자신이 낳은 알들은 급한 물결을 따라 흘러가고 또 흘러갔어요.

어떤 알은 논으로 들어가기도 했고, 또 어떤 알은 물길을 따라 흐르고 흘러 개울로 빠져나갔어요.

사실 그곳에서 살아남은 알들은 올챙이가 되었지만 그렇지 않은 것은 붕어나 다른 물고기들의 먹잇감이 되고 말았어요. 물이 너무 차가워 올챙이가 되지 못한 알들도 많았고요.

이런 식으로 떠내려간 알들은 다시는 논으로 돌아오지 못했어요. 그런 알들에서 생겨난 올챙이들 또한 돌아오지 못했고, 올챙이에서 개구리가 된 다음에도 역시 논으로는 돌아올 수 없었어요.

시멘트로 만들어진 물길의 끝에는 낭떠러지처럼 생긴 곳이 있었거든요. 올챙이나 개구리의 힘으로는 그런 곳을 거슬러 올라올 수 없는 일이었으니까요.

개울과 논 사이에는 자전거가 다니는 길도 있었어요.

또한 하천 정비 사업을 할 때 길 가장자리 쪽으로는 높은 벽을 만들어 놓기도 했어요. 그런 곳 역시 개구리의 힘으로는 넘어올 수 없었지요.

그 때문인지 논에 사는 개구리들의 숫자는 해가 갈수록 줄어들고 있었어요.

물길 밖으로 나온 마리는 몹시 배고팠어요. 알을 낳은 다음이라 그런지 너무너무 배가 고픈 것이었어요.

참을 수 없을 만큼 배가 고팠어요. 얼마나 배가 고팠으면 눈에 보이는 것이 다 먹잇감으로 보였을까요?

그와 같은 배고픔을 참고 마리는 자신이 살던 곳을 찾아 거슬러 올라갔어요. 걷기도 하고, 그러다가 힘들면 기어서 올라갔어요.

그런데 바로 그때였어요.

'옳지. 저기에 뭔가가 있구나!'

마리의 눈에 무엇인가가 비쳐 들어왔어요.

'뭔가 맛있는 것이 움직이고 있어!'

힘이 솟아올랐어요.

한 가닥의 희망과 함께 말이에요. 무엇인가를 먹을 수 있다는 희망이 마리에게 큰 힘을 불어넣었어요.

살랑살랑 부는 바람에 이리저리 흔들리는 먹잇감을 향하여 마리는 뒷발에 힘을 주어 힘차게 뛰었어요.

껑충껑충 뛰고 또 뛰었어요.

입을 쩍 벌리고 혓바닥을 쭉 내밀어 낚아채려고 하는 순간이었어요. 비명 소리가 들려왔어요.

"꺅!"

이런 소리가 들려온 것이었어요.

미랑이,
위험에서 벗어나다

비명 소리를 들은 마리는 하려던 동작을 멈추었어요.

그러고는 비명 소리가 들려온 쪽을 둘러봤어요. 그렇지만 아무리 둘러봐도, 비명을 지른 그 누군가는 찾아낼 수 없었어요.

지금까지는 먹이 쪽에서 소리를 내며 도망가는 모기나 파리, 잠자리 따위는 봤어도, 이런 것은 처음이었어요.

이렇게 도망도 치지 않고, 가만히 있으며, 비명만 질러 대는 먹잇감은 본 적이 없었어요.

여느 때처럼 움직임이 있었으면 쉽게 찾아낼 수 있었을 텐데, 움직임이 없었기 때문에 오히려 찾아내기가 더욱 힘들었어요.

'이상하다!'

무엇인가 그전과는 다른 낌새를 눈치챈 마리는 다시 또 먹잇감을 노려봤어요.

'이 먹잇감이 비명을?'

의심스런 눈빛으로 마리는 먹잇감을 계속해서 노려봤어요. 그런 다음 주변을 빙 둘러봤어요.

그렇지만 아무리 둘러봐도 비명을 지를 만한 동물은 찾아내지 못했어요.

그래서 다시 또 그 먹잇감을 노려봤어요. 이번에는 바람에 살랑살랑 움직이는 것이었어요. 먹잇감이 움직이는 것이었어요.

그런데 가만히 살펴보니 그 먹잇감은 좀 이상했어요.

지금까지 자신이 먹어 왔던 먹잇감하고는 달랐어요. 움직임이 좀 다른 것이었어요.

"뜨악!"

깜짝 놀란 마리는 뒤로 벌렁 나자빠졌어요.

'이건, 이건…. 먹잇감이 아니잖아.'

배가 너무 고픈 나머지 움직임만 보고 먹잇감으로 착각한 것이었어요.

착각이라는 것을 깨달은 마리는 정신을 가다듬었어요.

가까스로 정신을 차린 마리는 이상하게 생긴 먹잇감을 향해 말을 걸어 봤어요.

"넌 대체 뭐야?"

먹잇감이 아니라는 것에 실망한 나머지 거의 울먹이는 목소리가 흘러나왔어요.

"난 미랑이야, 미랑이."

놀란 것은 미랑이도 마찬가지였어요.

그런 놀라움을 가까스로 진정시킨 미랑이는 이상하게 생긴 마리를 향해 이렇게 말했어요.

입을 쩍 벌린 마리가 너무 무서워 보였지만 용기를 내어 최대한 다정하게 말하려고 노력했어요. 화를 내거나 자극하는 말을 해서는 안 될 것 같았거든요.

"미랑이. 그렇구나, 그래.

미랑아, 난 마리라고 해."

마리는 여전히 미랑이의 꽃대에 올라와 있는 꽃봉오리를 이상한 눈으로 바라보면서 말했어요.

이렇게 말하고 있는 마리의 눈을 보고 있으려니 그곳에는 먹잇감을 찾는 간절한 눈빛이 아직도 이글거리고 있는 것이었어요.

'아이고, 무서워라!

다시 또 나의 소중한 꽃봉오리를 먹잇감으로 보면 어떡하지?'

미랑이는 매우 불안했어요.

'그러면 안 되는데, 그러면….'

미랑이는 이와 같이 걱정스런 마음으로 마리를 보고 있었지만, 흥분으로 가득 찬 마리의 마음을 진정시킬 만한 좋은 말은 떠오르지 않았어요.

마리의 관심을 딴 곳으로 돌릴 수 있으면 좋으련만, 딱히 그 순간에 떠오르는 알맞은 말은 없었어요.

그렇다고 하여 가만히 있을 수도 없었어요. 우선은 이렇게 보이는 대로 물어봤어요.

"배가 많이 고파 보이는데…."

"응. 난 무척 배가 고파."

마리는 당장이라도 쓰러질 정도로 배가 고팠고 피곤했어요.

"언제부터 굶었는데?"

"어제, 그제…. 그러고 보니 밥을 언제 먹었는지, 먹은 지 얼마의 시간이 지나갔는지도 모르겠는 걸!"

마리는 힘없이 하늘을 바라보며 한탄하는 것이었어요.

"그렇게 오랫동안 굶었어?"

"응."

마리는 쑥 들어간 자신의 배를 보며 힘없이 대답했어요.

"너의 배고픔은 이해되지만, 그렇다고 하여 너에게 줄 것은 아무것도 없네."

미랑이는 마리에게 무엇인가를 주고 싶다는 표정으로 말했어요. 주고는 싶었지만 줄 것은 하나도 없었어요.

"있으면서 뭘 그래? 주기 싫으니까 그런 말을 하는 거 아냐?"

마리는 여전히 미랑이의 꽃봉오리를 보며 말했어요. 따지듯이 말이에요.

"아니야, 아니야. 없어, 없어. 네가 먹을 만한 것은."

미랑이는 고개를 가로저으며 다급하게 말했어요.

"거기 붙어 있잖아. 저기, 저 높은 곳에 말이야."

마리는 손을 들어 미랑이의 꽃봉오리를 가리키며 말했어요. 꼭 파리처럼 생긴 것이 맛있어 보였는지 군침을 삼키면서 말이에요.

마리는 더욱더 이글거리는 눈빛으로 미랑이를 노려보며 다리를 움츠린 채 한껏 뛸 준비 자세도 취해 봤어요.

'그냥 이대로 혓바닥을 한번 쏴 볼까? 쏘면 닿을 것도 같은데.'

이런 생각이 굴뚝 같았지만 마리는 참아 보기로 했어요.

미랑이는 당장이라도 덤벼들 것 같은 마리의 이글거리는 눈동자를 살펴보며,

"이건…, 이건 말이야. 너의 먹이가 아니야. 아니라고요."

라고 말해 봤어요. 뜻이 통하길 바라면서 말이에요.

그렇지만 마리는 여전히 믿으려 하지 않았어요.

미랑이는 마리의 눈치를 살피며 먹이가 아니라고 계속해서 말해 보았어요. 두 손을 흔들면서 말이에요.

그렇지만 여전히

'배고픔을 못 참고 덤벼들면 어떡하지? 당장이라도 덤벼들 것 같은데.'

라는 생각에 불안하기만 했어요.

"먹이가 아니라고? 거짓말하지 마!

거기 붙어 있는 건 분명 맛있는 먹잇감이야. 맛 좋은 먹이라고"

"아니야. 아니라고!"

미랑이는 다시 또 힘없는 목소리로 부정해 보았어요.

"아니긴 뭐가 아냐? 둥글둥글하고 통통하게 생겼잖아.

하늘에 떠 있고, 이리저리 흔들거리고…."

미랑이는 울고 싶을 만큼 어찌할 바를 몰랐어요.

'아니야. 아니라고. 이건 너의 먹이가 아니야. 아니라고.'

이같이 계속 아니라고 해 본들 아무런 소용이 없는 것처럼 보였어요.

아니라고 하면 할수록 마리는 더욱더 화를 냈고 당장이라도 덤벼들 것 같은 기세를 보였거든요.

그때 마침 미랑이에게 이런 생각이 떠올랐어요.

'옳지. 좋아. 이렇게 말해 보자. 요즘은 개구리들도 알을 많이 낳는다고 하던데. 개구리 알을….'

미랑이는 용기를 내어 배가 몹시 고파 보이는 마리를 향해 이렇게 말했어요.

"마리야! 실은 이 봉오리는 아기집이야. 여기에서는 나의 아기씨들이 무럭무럭 자라나고 있는 걸!"

이 말을 듣자, 마리는 말없이 그 자리에 주저앉고 말았어요.

왕방울만 한 눈에는 하얀 눈물이 가득 고여 있는 것도 보였어요.

마리의 이런 모습을 보자 안심은 되었지만, 한편으로는 당황스럽기도 했어요.

'도대체 무슨 일이 있었던 것일까?'

아무리 봐도 마리에게는 어떤 사연이 있는 것처럼 느껴졌어요.

친구가 된 미랑이와 마리

시간이 좀 지나자 마리는 어느 정도 진정된 모습을 보였어요.
미랑이는 정신을 차린 마리를 보며,
"넌, 요즘 무얼 맛있게 먹었니?"
라고 물어봤어요.
"요즘엔 파리를 맛있게 먹었지. 모기가 나오기에는 좀 이르고…."
이런 대답을 듣자 미랑이에게 무엇인가 좋은 생각이 떠올랐어요.
'어쩌면 그놈을 좋아하는지도 모르겠는 걸. 나의 꽃봉오리를 맛있는 먹잇감으로 착각한 것을 보면, 분명 그놈도 좋아할 것

같은데….'

이런 생각에 웃음마저 떠올랐어요.

'나의 꽃봉오리에 시도 때도 없이 찾아오는 놈. 그놈 역시 둥글둥글하고 통통하게 생겼잖아. 이리저리 날아다니고.'

어쩌면 그놈일지도 모른다는 마음에 미랑이는 마리에게 물어 봤어요.

"그나저나 네가 즐겨 먹는 그 파리란 놈은 대체 어떻게 생긴 놈인지, 좀 더 자세하게 말해 주지 않겠니?"

파리라는 이름을 처음 들어 본 미랑이는 이런 질문을 해 봤어요. 자신을 괴롭히는 놈이 파리가 맞는지 안 맞는지, 한 번쯤은 확인해 볼 필요가 있을 것 같았거든요.

"시커멓고 동글동글하고 통통하게 생겼지. 날개가 달려 날아다니기도 하지만, 항상 날아다닐 수만은 없을 테니 자주 나무나 풀에 붙어 쉴 때도 있을 것이고. 낮잠을 자기도 할 테고…."

'그렇다면 그놈이 틀림없구나!

내가 해님과 놀고 있을 때, 바람님과 놀고 있을 때 그놈이 방해를 했지.

아무리 가라고 해도, 딴 곳에서 놀라고 부탁해도…. 그놈은 말도 듣지 않고 제멋대로만 했지.

제멋대로 오고, 제멋대로 지껄이고, 제멋대로 날아갔지.

 그놈은, 그놈은 말이야. 그렇게 미운 짓만 골라서 했지.'
 미랑이는 안 좋은 기억들을 떠올리며 눈살을 찌푸린 채 이렇게 말했어요.
 "요즘 나의 소중한 꽃봉오리를 더럽히는 놈이 있는데, 혹시 그놈이 바로 네가 좋아하는 먹잇감인지도 모르겠는데."
 "그런 놈이 있었어? 날개도 있고 통통하고?"
 마리는 큰 관심을 보이며 귀를 바짝 기울였어요.
 "그래, 맞아. 그놈은 네가 지금 말하고 있는 놈과 똑같이 생겼어. 날개도 있고, 통통하고, 둘레를 빙빙 돌며 윙윙거리고, 가끔은 꽃봉오리에 앉아 뭘 잘못했는지 두 손을 싹싹 빌기도 하고….

아니지, 싹싹 비는 것처럼 보였지만 실제로는 해로운 병균을 옮겨 놓고 있었는지도 모를 일이고….

그러면서도 모르는 척 한눈을 팔고 있으면 어느새 더러운 똥을 찍 싸 놓고 도망치기 일쑤였지."

"들어 보니 그놈은 파리가 분명하네. 나의 먹잇감이 분명해. 맛 좋은 먹잇감이…."

마리는 이런 말을 하며 어서 빨리 먹고 싶다는 듯 입맛을 다셨어요.

"그러면 그놈을 좀 어떻게 해 주겠니? 응?"

미랑이는 정말 도와 달라는 표정으로 말했어요.

"알았어, 알았어. 그러면 그놈이 언제 오는데?"

마리는 기분 좋게 말했어요.

기꺼이 도와주기로 했어요. 그리고 속으로는

'옳지, 잘됐다. 그놈을 잡아먹으면 되겠구나!'

라고 생각하며 기뻐했어요. 드디어 무엇인가를 먹을 수 있다는 기쁨에 표정도 밝아졌어요.

"이제 조금만 있으면 올 거야. 조금만 기다려 봐!"

"내가 그놈을 잡아 줄 테니, 걱정하지 마! 그런 못된 놈은 한 방이면 충분해."

마리는 자신 있게 말했어요.

"정말?"

미랑이는 믿기지는 않았지만 마리의 자신 있는 태도에 기대를 걸어 보기로 했어요.

"정말이고말고."

마리는 자신을 한번 믿어 보라는 듯 앞발을 들어 가슴을 한 번 가볍게 치기도 했어요.

"고마워, 마리야."

미랑이는 더욱더 기대감이 들었고 마음도 놓였어요.

"그런데 딱 한 가지 주의해야 할 점이 있으니, 잘 들어 봐."

마리는 이렇게 말하며 정말 주의해야 한다는 뜻을 내보이며 진지하게 말을 이어 갔어요.

"그건 내가 혹시 너를 향해 혓바닥을 쭉 내밀더라도 놀라거나 움직여서는 안 된다는 거야."

마리는 혹시라도 미랑이가 다칠까 봐 걱정하는 마음에서 이와 같이 말한 것이었어요. 그렇지만 미랑이는

"왜?"

라고, 그 이유가 궁금하냐는 듯 말했어요.

"네가 움직이면 파리가 날아갈 수 있는데, 그럼 난 먹잇감을 놓칠 수 있고…."

"그렇구나! 알았어. 절대 안 움직일게."

미랑이는 마리의 말을 이해했다는 듯 입술을 꼭 깨물며 말했어요. 마음속에 굳게 다짐이라도 하듯 말이에요.

"좋아. 어떤 일이 있더라도 움직이면 안 돼. 움직이면 나만 손해를 보는 것이 아니라, 실은 네가 더 위험해져. 그래서 그러는 거야. 네가 걱정이 되어서 말이야."

마리는 미랑이가 다치면 안 된다는 마음에서 이처럼 마음을 다해 부탁을 하는 것이었어요.

"내가 위험해진다고?"

미랑이는 다시 또 그 까닭이 궁금하다는 듯 물어봤어요.

"그래, 맞아. 네가 위험해져. 그것도 엄청 많이."

"왜?"

"혓바닥을 잘못 쏘면 너의 그 소중한 봉오리에 닿을 수도 있는데, 그러면 그 목이 부러질 수도 있어. 내 혓바닥은 엄청 힘이 세거든."

마리는 제법 자랑스럽게 말했어요.

그렇지만 미랑이는,

'나의 소중한 봉오리가 부러진다고?'

라는 생각이 들자, 깜짝 놀랐어요. 그래서 미랑이는,

"알았어. 알았어. 꼼짝도 안 할게. 꼼짝도."

라고 말했어요. 겁을 먹은 듯이 말이에요.

"그럼, 약속이다. 약속. 꼭 지켜 줘야 해."

"응, 알았어. 꼭 약속할게."

마리는 '약속한다'는 말을 듣고 미랑이 옆으로 와서 숨었어요. 미랑이의 뿌리가 다치지 않도록 뿌리 옆의 흙을 조금 파낸 다음 그 안으로 들어갔어요.

그곳은 그늘지고 시원했어요. 미끈미끈한 피부가 마를 염려도 없었어요.

그곳에 자리를 잡은 마리는 꼼짝도 하지 않았어요. 그런 다음 파리란 놈이 날아오기만 을 기다렸어요.

조금 있으려니 파리가 정말 날아왔어요. 꽃봉오리의 둘레를 팔팔거리며 날아다니는가 싶더니 어느새 그곳에 앉는 것이었어요.

드디어 먹을 수 있다는 생각에 마리는 눈물이 날 정도로 기뻤어요.

'옳지. 왔구나!
제법 통통한 놈이 날아왔는데.'

목만 살짝 내밀고 있던 마리는 입을 쩍 벌리는가 싶더니 어느새 입을 꼭 다물고는 잡은 파리를 꿀꺽 삼켜 버렸어요.

"아! 맛있다."

이런 말을 하고 나자, 다시 또 파리 한 마리가 날아왔어요.

이번에도 파리는 꽃봉오리의 둘레를 윙윙거리며 날아다녔어요. 그러는가 싶더니 또 꽃봉오리 위에 앉으려고 하는 것이었어요.

이때를 놓칠세라 이번에도 또 입을 쩍 벌렸어요. 그러는가 싶더니 어느새 혀를 쭉 뻗어 파리를 잡아챘어요. 혀를 말아 잡은 파리를 목구멍으로 넣은 다음 꿀꺽 삼켜 버렸어요.

두 마리의 파리를 잡아먹은 마리는 조금은 배가 불렀는지, 미랑이를 보며

"고마워! 덕분에 맛있는 것을 먹었어. 이렇게 맛있는 건 정말 오랜만이야."

라고 말했어요.

정말 맛있게 먹었다는 듯 마리는 다시 또 입맛을 다시는 것이었어요. 배도 좀 불러 왔고 힘도 솟아나는 것 같았어요.

"그래. 그럼 배가 조금은 불렀어?"

"응."

마리는 힘차게 대답했어요.

"그러면 너의 몸이 좀 좋아질 때까지 이곳에 있는 것은 어때? 너무 지치고 피곤해 보이는데, 여기서 좀 쉬었다 가는 것도 좋지 않을까?"

힘이 솟아 기분이 좋아 보이는 마리를 보며 미랑이는 이런 제안을 했어요.

마리는 잠시 생각에 잠긴 것처럼 보였지만 곧,

"좋아."

라고 말했어요.

이처럼 짧고 무뚝뚝하게 대답은 하고 있었지만, 실은 그렇지가 않았어요. 너무 기뻐 할 말을 잊을 정도였어요.

"이곳에 있으면 너는 맛있는 먹이를 배불리 먹을 수 있어 좋고…. 나는 파리로부터 나의 소중한 꽃봉오리를 지킬 수 있어 좋고…. 서로가 서로에게 좋지 않겠어?"

미랑이는 서로에게 좋은 일이라고 하면서 다시 또 권하는 것이었어요.

"정말이야? 여기 있어도 돼?"

마리는 정말 좋았어요. 딱히 갈 곳도 없었는데, 미랑이가 먼저 이런 말을 해 주니 더욱더 고마웠어요.

특히 미랑이처럼 예쁜 아이하고 친구가 될 수 있을지도 모른다는 생각 때문인지, 기분이 너무너무 좋아지는 것이었어요. 말로써는 표현할 수 없을 만큼 말이에요.

그뿐 아니라, 많이 먹어 그런지 배는 점점 더 불러 왔어요. 이 또한 마리를 더욱더 기분 좋게 만들었어요. 근심 걱정이 모두 다 사라진 것처럼 좋아졌어요.

이제는 좀 살 것 같았어요. 더군다나,

"나의 꽃봉오리를 지킬 수 있어 좋고."

라는 말을 들었을 때는 하늘을 날아가는 기분이었어요.

자신이 하는 일이 자신에게도 좋을 뿐 아니라 예쁜 미랑이에게도 좋은 일이었기 때문이었어요. 즉, 미랑이에게 도움을 줄 수 있었기 때문이었어요.

그렇게 되면, 신세만 지는 것이 아니라 신세를 지지 않고도 지낼 수 있는 것이었어요.

당당하게 서로를 돕고 돕는 친구 사이가 될 수 있는 것이었어요. 서로를 돕고 감싸 줄 수 있는 그런 친구 말이에요.

이와 같은 생각을 하다 보니, 마음은 더욱더 홀가분해졌고 기분은 날아갈 것만 같았던 것이었어요.

미랑이는 기분이 좋은 마리를 보며,

"아무튼 당분간은 파리가 많이 날아올 거야. 그동안만이라도 이곳에서 쉬며 몸을 튼튼하게 보호하렴."

이라고 말했어요.

"고마워. 그렇게 할게."

마리는 기분 좋게 이렇게 대답했어요.

"그리고 이 꽃봉오리에서 꽃이 피면 벌도 날아올 텐데, 그 벌은 조심해야 돼."

미랑이도 마리에게 주의할 것이 있다는 듯 조심스럽게 말했어요. 이유를 알 수 없었던 마리도,

"왜?"

라고 말하며, 호기심을 보이는 것이었어요.

"벌은 침을 갖고 다니거든. 그 침에 쏘이면 넌 죽을 수도 있어."

"그래? 벌은 그렇게 무서운 거야?"

벌도 모르고 쏘여 본 적도 없었던 마리는 그 벌이 얼마나 무서운지는 감이 오지 않았어요. 그렇지만 미랑이의 표정을 보니 무서운 것만큼은 틀림없는 것 같았어요.

"그럼! 벌은 죽기 전에 침을 쏘지. 너의 목구멍으로 빨려 들어갈 때, 마지막 남은 힘으로 너의 목에 침을 쏘면 너의 목은 부어오르게 돼. 그러면 숨도 못 쉬게 될 테고, 물론 아무것도 못 먹게 되어서 결국에는 죽고 말 거야."

"그렇구나! 알려 줘서 고마워. 그런데…."

그러고 보니, 마리에게는 눈에 보이지 않는 무서움보다는 눈앞에 보이는 무엇인가가 더 큰 호기심을 자극하고 있는 것 같았어요.

"그런데 뭐? 할 말이 더 있어?"

"응."

"뭔데?"

"너의 그 꽃봉오리에서 꽃이 핀다고 했는데, 어떤 색깔의 꽃이 피어나니?"

"으응. 그건 나도 몰라."

미랑이는 시무룩하게 대답했어요. 미랑이 자신도 무슨 색깔인지는 몰랐거든요.

"모른다고?"

마리는 좀 놀랐어요. 믿기지는 않았지만 그렇다고 하여 미랑이가 하는 말을 부정할 수도 없었어요. 이 세상에는 자신도 모르는 일이 얼마든지 있을 수 있었거든요.

"나도 처음 피워 보는 꽃이라, 아직은 몰라."

미랑이는 다소 밝은 표정으로 말했어요. 어떤 꽃일까 하는 기대감과 설렘이 되살아났기 때문인지도 모르겠어요.

"그렇구나! 처음이라 모르는 것이었구나."

마리는 마침내 그 이유를 이해하게 되었어요.

"처음이라 잘 모르지만, 그렇기 때문에 기대감은 그만큼 더 커."

"그렇구나! 모르니까 궁금하지만, 궁금한 만큼 기대감도 크고, 기대감이 큰 만큼 늘 희망을 갖고 살 수 있고….

희망을 갖고 살기 때문에 그만큼 또 행복한 것이구나!"

"그렇지. 바로 그거야, 그거!"

미랑이는 정말 행복하다는 표정을 지어 보였어요.

사실, 그랬어요. 모르는 것이 오히려 기내감뿐 아니라 행복감을 안겨 주고 있었던 것이었어요.

그렇지만 어쩌면 미랑이의 마음속에는 노란 꽃을 좀 더 기대

하고 있었는지도 모르는 일이었어요. 불타오르듯 떠오르는 해님의 찬란한 모습에 큰 감동을 받았고, 해님처럼 아름답게 피어나고 싶어 했으니까요.

마리도 행복에 가득 차 있는 미랑이의 모습을 보니 기뻤어요.

"나도 기대가 큰데, 우리 미랑이가 어떤 꽃을 피울지. 얼마나 예쁜 꽃을 피울지 말이야."

이렇게 말하며 궁금하다는 표정을 짓고 있는 마리도 덩달아 행복해 보였어요. 기대감이 마리에게도 행복감을 안겨 준 모양이에요.

그래서 그런지,

'내가 그 꽃을 잘 피울 수 있도록 잘 지켜 줘야지.'

라는 생각이 마리의 마음속에 떠올랐고, 또 자리를 굳게 잡아 나갔어요.

어쩌면 그와 같은 '보살핌'이 마리가 미랑이에게 되돌려줄 수 있는 보답이었는지도 모르겠어요. 먹이와 편히 쉴 곳을 제공한 데 대한 보답 말이에요.

이와 같이 미랑이와 마리는 서로 도우며 잘 지냈어요. 그렇게 행복한 나날이 며칠이나 계속되었어요.

마리는 날마다 파리를 먹어 그런지, 배도 불렀고 다리도 튼튼해졌어요. 온몸에 살도 많이 붙었어요.

'어떤 꽃을 피울까?'

미랑이와 마리는 이와 같은 기대감과 설렘을 함께 나누며 정말 행복한 시간을 보냈어요.

가끔씩은 왜 꽃봉오리를 아기집이라고 한 건지에 대한 의문도 들었지만, 그럴 때마다 마리는 그에 대한 대답도 스스로의 힘으로 찾아봤어요.

'어쩌면, 어쩌면…. 그 속에서 알이 생겨나는 것은 아닐까?'

언제인가는 이와 같은 생각도 해 봤지만, 그런 생각이 맞는 건지 그렇지 않은 건지는 알 수 없었어요.

왜냐하면 씨앗은, 즉 민들레의 씨앗은 한 번도 본 적이 없었거든요. 그렇기 때문에 그 씨앗이 혹시 알처럼, 자신의 알처럼 생긴 것이 아닐까 하는 생각을 해 본 것이었어요.

그렇지만 그래도 그런 생각을 하고 있어 그런지, 마리의 마음에는,

'내 알들은, 저 물길을 따라 떠내려간 내 알들은 어디로 흘러갔을까?'

라는 생각이 갑자기 솟구쳐 올라왔어요.

미랑이가 '아기집'이라고 부르는 그 꽃봉오리를 보면 볼수록 더욱더 자신이 낳은 알들이 그리워지는 것이었어요.

'지금쯤은 어떻게 되었을까?'

너무나도 그리웠던 탓인지 이제는 눈에 눈물이 고일 정도였어요. 마리는 슬픔으로 가득 찼고, 표정도 어두워졌어요.

여느 때와는 달리, 마리가 너무 애처로운 모습을 하고 있었기 때문인지, 미랑이는 그런 마리를 보며 이렇게 물어보았어요.

"마리야, 마리야. 오늘은 왜 그렇게 슬픈 모습을 하고 있니?"

마리는 눈물로 얼룩진 눈길로 미랑이를 바라보며,

"이곳에 오기 전에 어떤 사고가 있었는데…."

라고 말하며 말끝을 흐렸어요. 긴 한숨을 내쉬고는 슬픔에 찬 표정으로 말이에요.

그 이유가 더욱 궁금해진 미랑이도 슬픔에 찬 표정으로 다시 또 살짝 물어봤어요.

"어떤 사고였는데?"

"저 아래의 물길에 내 알을 낳아 놓고 왔는데, 바로 그때 세찬 물줄기가 한꺼번에 흘러내렸어. 그래서 그만 그 물살에 내 알들이 휩쓸려 떠내려가고 말았지."

마리는 이런 말을 하며 울먹였어요. 슬픔이 밀려든 것이었어요. 지켜 주지 못한 안타까움이 크나큰 슬픔으로 바뀐 것이었어요.

"아니, 저런. 그렇게 슬픈 일이….'

마리의 사연을 듣고 미랑이도 슬펐어요. 미랑이는 여러 가지 말로써 마리의 슬픈 마음을 위로해 줬어요.

그러면서도 속으로는 자신의 꽃봉오리를 더욱더 소중히 여기고 잘 지켜야겠다는 다짐도 했어요.

그뿐이 아니었어요. 마리와 처음 만난 그때, 그러니까 자신의 꽃봉오리를 아기집이라고 했을 때, 공격을 왜 멈췄는지도 이해할 수 있었어요.

마리가 그다음에 왜 그렇게 슬픈 모습을 보였는지도 알 수 있을 것 같았어요.

'자신이 낳은 알이 보고 싶고, 걱정이 되어 그렇게 그렁그렁한 눈물을 보였던 것이었구나!

엄마였기 때문에, 엄마!'

어머니의 마음을 이해하자, 미랑이도 울고 싶을 만큼 슬퍼졌어요. 슬픔을 함께 나누었기 때문일까요? 둘은 더욱더 친해졌어요.

그러고 보니, 서로를 아끼고 돕고자 하는 마음도 더욱더 자라나는 것이었어요.

마리,
희망을 품다

마리가 당한 고통을 듣고 미랑이는 말할 수 없을 만큼 슬펐어요.

미랑이의 슬픈 표정을 보며 마리는 계속해서 그때 느꼈던 고통과 그리움에 대해 말했어요.

"저기 저 시멘트로 만들어진 물길이 아니었다면, 아니 며칠만 더 빨리 저 건너편의 논으로 건너갔더라면, 그곳에 안전하게 알을 낳을 수 있었을 텐데….

그랬더라면 그곳에서 생겨난 나의 아기들은 지금쯤은 꼬리를 살랑살랑 흔들고, 이리저리 헤엄치며 잘 놀고 있을 텐데…."

이런 말을 해서 그런지, 슬픔은 더욱더 마리의 마음속에 밀려왔어요.

"그렇구나! 그렇다고 하더라도, 그런 슬픔 중에서도 찾아보면 무엇인가 희망을 찾아낼 수 있지 않을까?"

미랑이는 마리에게 희망을 주고 싶었어요. 삶의 희망을 말이에요. 아주 작은 희망이라 할지라도 하나의 희망을 주고 싶었어요.

마리는 희망이 있을 수 있다는 말에 귀가 번쩍 뜨이는 기분이었어요. 그래서 이렇게 다급하게 물어봤어요.

"희망! 희망이라고, 어떤 희망?"

"혹시, 저 밑에 있는 다른 논으로 들어가 살아남은 알들이 있을 수도 있고, 그렇게 살아남은 알들은 지금쯤은 아기 올챙이가 되어 꼬리를 흔들며 행복하게 놀고 있을지도 모르는 일이잖아."

미랑이는 건너편의 논들을 바라보며 차근차근 말했어요.

"정말 그럴까?"

믿기지는 않았지만 그럴 수도 있을 것 같다는 생각이 들었어요.

평범한 말이었지만 마리에게는 큰 도움이 되었어요. 표정도 조금은 좋아졌어요.

밝은 표정을 짓고 있는 마리를 향해 미랑이는,

"그럴 수도 있어. 그러니 실망하지 말고, 희망을 갖고 꿋꿋하게 살아가는 것이 좋지 않을까?"

라는 격려의 말도 해 주었어요.

"그렇구나! 그렇게 생각할 수도 있겠구나!"

위로의 말을 듣고 마리는 큰 힘을 얻었어요. 가슴을 펴고 하늘을 올려다보았어요.

흰 구름이 군데군데 덮인 하늘은 정말 아름다웠어요.

그러고 보니 이처럼 아름다운 하늘은 참으로 오랜만에 보는 것 같았어요.

그렇게 행복하게 지내면서 배불리 먹고 편히 쉬어 그런지, 다리에는 포동포동한 살이 올랐고 힘줄도 튼튼해져 온몸의 힘도 불끈 솟는 것 같았어요.

점점 더 튼튼해져 가는 마리를 대견스럽게 바라보며 미랑이는,

"이제는 뛸 수 있지 않을까?"

라고 말해 보았어요.

"뛰다니, 어디로?"

미랑이의 말뜻을 이해하지 못한 마리는 이렇게 말했어요.

"어디긴? 저 건너편이지."

미랑이는 건너편을 가리키며 말했어요.

"저 건너편으로?"

마리는 깜짝 놀라며 건너편을 바라보았어요. 바라만 봐도 왠

지 모르게 가슴이 뭉클하고 콩닥콩닥 뛰는 것이었어요.

'살아남은 것이 있지 않을까?'

미랑이가 전해 준 이런 희망이 마리의 생각 한편에 조금이나마 남아 있었기 때문인지도 모르겠어요.

"그래, 저 건너편으로.

혹시 알아? 저 아래 논으로 가 보면 너의 소중한 알들을, 아니 지금쯤이면 알에서 생겨난 아기 올챙이들을 볼 수 있을지."

"그렇구나! 그럴지도 모르겠는데."

마리의 마음속에는 정말 아기들을 볼 수 있을지도 모른다는 희망이 점점 더 크게 싹트기 시작했어요.

꿈같은 일이 실제로 이루어질 수 있을지도 모르는 일이었어요. 그런 희망을 갖게 되었기 때문일까요? 마리의 다리에는 힘이 더 들어갔어요.

그와 같은 힘을 잘 쓰기만 하면 물길을 건너뛸 수도 있을 것 같다는 자신감도 생겨났어요.

'미랑이를 만나기 전에는 꿈도 꿀 수 없었던 일이었는데…'

미랑이와 함께하다 보니, 꿈조차 꿀 수 없었던 일이 할 수 있다는 가능성을 갖게 되었고, 하나의 그럴듯한 희망으로 다가오고 있었어요.

마리의 마음은 희망으로 부풀어 올랐어요.

'그렇다면 좋아. 한번 해 보자.'

자신감도 생겨났어요.

'뛰어 보자. 건너편의 논으로 건너가 확인을 해 보자, 확인을. 우리 아기들이 잘 놀고 있는지….'

확인해 보고 싶었어요. 자신의 두 눈으로 말이에요. 한 번은, 꼭 한 번은 말이에요.

마침내 마리는 떠날 결심을 하게 되었어요.

'미랑이는 참으로 대단하구나!

어리지만 정말 슬기로운 아이야!'

미랑이가 몹시 대단해 보였어요.

마리는 자신에게 새로운 희망을 가져다준 미랑이에게 활짝 웃으면서 이렇게 말했어요.

"고마워. 정말 고마워.

덕분에 나도 이젠 이전처럼 행복해졌어. 할 수 있다는 자신감도 생겼고, 네 말대로 다리에 힘을 주어 저 건너편으로 뛰어 볼게."

"그럼, 행운을 빌게. 꼭 성공하길 바라."

미랑이도 날이 갈수록 튼튼해져 가는 마리에게 밝은 미소로 답례하며 이렇게 마지막 격려를 해 줬어요.

용기를 얻은 마리는 새로운 희망을 품고 뛰는 연습을 해 보았어요. 시간이 있을 때마다 말이에요.

그런 연습을 시작한 지도 벌써 여러 날이 지나갔어요.

기회는 한 번밖에 없었어요. 연습을 할 때는 온 힘을 다하지 않으면 안 되었어요. 실패를 하면 그것으로 끝이었으니까요.

실패를 한다는 것은 곧 지난번의 그 물길로 떨어진다는 것을 의미했어요. 그러면 두 번 다시 돌아올 수 없을 뿐 아니라 자신이 낳은 아기들도 볼 수 없는 것이었고요. 그렇기 때문에 실패를 할 수는 없는 일이었어요.

연습을 통해 힘이 붙고 자신감으로 가득 찬 마리는 이제 떠날 때가 된 것 같았어요.

미랑이를 사랑스런 눈길로 바라보며, 마리는 떠나는 인사말을 했어요.

"고마워! 아기집의 아기씨들도 잘 키우길…. 나처럼 아기들을 모두 잃어버리지 말고, 알겠지?"

"응, 잘 키울게. 그리고 행운을 빌어."

미랑이의 격려에 힘입어 마리는 다리에 힘을 주었어요. 뒤로 몇 발짝 물러서는가 싶더니, 이게 무슨 일인가요? 그냥 걸어오는 것이 아니겠어요? 이상하게도 미랑이를 향해 다시 돌아오는 것이었어요.

미랑이는 마리의 그런 행동이 이해가 되지 않는다는 표정으로 마리를 바라보았어요.

마리는 멍한 표정을 짓고 있는 미랑이를 바라보며,

"한 가지 궁금한 것이 있어 다시 돌아왔어."

라고 말했어요.

"뭔데?"

"왜 그 꽃봉오리를 아기집이라고 했는지 그것이 궁금해서…. 그 아기가 커서 어떻게 되는지….

그렇다고 하여, 나의 알처럼 물속에서 자라나는 것도 아닐 것 같고 말이야."

이렇게 더듬더듬 말하며 마리는 창피하다는 듯 수줍은 표정을 지었어요.

'아하! 그게 궁금해서 돌아온 것이었구나!'

미랑이는 그에 대한 설명을 시작했어요. 활짝 웃으면서 말이에요.

"아! 그렇구나. 그렇지, 이건 좀 달라. 이건 자라면…."

"응, 그게 자라면 어떻게 되는지 궁금해서."

"전에도 말했지만, 이 꽃봉오리 속에는 꽃이 필 재료들로 가득 차 있어.

꽃이 피고 나면 그 속에 아기씨들이 생기고, 그렇게 생긴 아기씨들은 무럭무럭 자라나 튼튼한 씨앗이 되지. 튼튼한 씨앗이 되면 그 끝에서 솜털이 나오고, 그다음에는 그런 털이 달린 씨앗들이 모두 바람을 타고 멀리멀리 훨훨 날아가게 되는데…."

미랑이는 마리의 궁금증을 풀어 주기 위해 정말 자세하게 설명했어요. 다시 돌아온 것을 생각해서 말이에요.

"그렇구나!"

이렇게 머리를 끄덕이며 긍정은 하고 있었지만, 사실 마리는 미랑이가 무슨 말을 하고 있는지 잘 몰랐어요.

그와 같은 경험이 전혀 없었던 마리로서는 이해하기 어려운 말이었거든요. 아무리 쉽게 설명했다고 하더라도 말이에요.

그래도 조금은 이해를 한 것이 있었어요. 그러니까, 그 꽃봉오리에는 아기 씨앗들이 들어 있고, 그것이 자라나 언제인가는 저 멀리 날아간다고 하는 것만은 이해를 할 수 있었어요.

그리고 그런 것만으로도 마리의 궁금증은 많이 풀린 것 같았어요.

'난 처음, 아기집이라고 해서 나처럼 알이 들어 있는 것으로 알고 있었는데, 그런 것이 아니었구나!

아기 씨앗들이 들어 있었구나! 아기 씨앗들이…. 그리고 결국에는 하늘 높이 날아가는 것이었구나!'

이와 같이 이해를 하고 있는 마리의 표정을 살펴보며 미랑이는 이렇게 말했어요.

"잘 여문 아기 씨앗들이 멀리멀리 날아갈 텐데, 혹시 만나게 되면, 그땐 또 잘 부탁해."

"알았어."

무엇을 부탁하는지는 잘 모르겠지만, 일단 알았다고 답한 마리는 길을 떠날 준비를 했어요. 이번에는 진짜로 떠날 준비를 말이에요.

마리는 뒤로 좀 물러난 다음 물길을 향해 껑충껑충 뛰어갔어요. 물길의 벽이 가까워지자, 뒷다리에 마지막 힘을 있는 힘껏 주고는 하늘 높이 뛰어올랐어요.

9

미랑이, 꽃을 피우다

마리가 떠난 후 얼마 지나지 않아 미랑이는 꽃을 피웠어요.
하얀 색깔의 민들레꽃이었어요.
'해님처럼 둥글고 노란 꽃을 피울 줄 알았는데….'
바라던 꽃이 아니어서 실망스럽기도 했지만 긍정적으로 생각해 보기로 했어요.
'아니, 어쩌면 이 색깔이 더 좋을지도 몰라.'
흰색의 꽃이 더 좋다는 것이 무슨 뜻인지는 모르겠지만, 그런 긍정적인 생각으로 자신이 피운 꽃을 보고 또 보니 조금씩 마음에 들기 시작했어요.
하루가 지나고 이틀이 지나고, 시간이 점점 더 흘러가면 흘러

 갈수록, 하얀 색깔의 꽃이 더욱더 예쁘게 보이는 것이었어요.
 그뿐이 아니었어요. 밤이 되면 달님의 모습을 닮은 것처럼 보였어요. 그렇기 때문에 요즘에는 밤만 되면 행복한 꿈속을 노닐 듯 즐겁기만 했어요.
 꿀벌도 날아왔고, 나비도 날아와 함께 놀아 줬어요. 놀면서 아기씨가 될 가루도 옮겨 줬어요. 이런 곤충들이 재미있게 놀아 준 덕분에 미랑이는 아기 씨앗들을 잘 만들 수 있었어요.
 '아! 그렇지. 그렇구나!'
 자신이 피운 예쁜 꽃을 보면 볼수록 그동안 자신을 도와줬던 고마운 분들이 떠올랐어요.

빛을 많이 준 해님도 고마웠고, 밤새 자신을 지켜 준 달님도 고마웠어요. 튼튼하게 자라나도록 도와준 바람님도 무척 고마웠어요.

그러고 보면 고마운 분이 또 있었어요. 그분은 바로 얼마 전에 자신의 곁을 떠난 마리였어요.

'실은 마리가 옆에서 나를 지켜 줬기 때문이야.'

마리가 더욱더 생각났어요.

'옆에서 파리를 잡아 주지 않았더라면, 파리의 등쌀에 못 이겨 엄청 열받았을 거야.'

마리가 더욱더 고맙게 느껴졌어요.

'그러면 이처럼 예쁜 꽃도 피울 수 없었겠지.'

예쁜 꽃을 피운 것이 마리 덕분이라는 생각이 들자 마리가 몹시 보고 싶어졌어요. 무척 보고 싶어했던 예쁜 꽃도 보여 주고 싶었어요. 자신이 처음으로 피운 꽃을 자랑도 하고 싶었어요.

실은 마리도 어떤 색의 꽃을 피울지 무척 궁금해했었거든요. 그래서 그런지 다시 또 옛날 일이 생각났어요.

'꽃봉오리를 처음 봤을 때는, 먹고 싶어 안달이었는데, 그것이 실은 아기집이라는 것을 알고는 잘 참아 줬지.

그랬는데, 나중에는 어떤 꽃이 피어날지 무척 궁금해했고.'

이런 생각을 해서일까요? 미랑이는 마리에게 자신이 피운 꽃을 더욱더 보여 주고 싶어졌어요.

'지금은 뭘 하고 있는 것일까? 알은 찾았을까?'

이런 생각을 하면 할수록 마리가 더욱더 보고 싶어지는 것이었어요.

다시 만날 수만 있다면 잘 지켜 줘서 고맙다는 말도 해 주고 싶었어요. 앗! 그리고 보니, 고맙다는 말을 하지 않은 것이었어요. 헤어질 때 말이에요.

'고맙다는 말을 먼저 했어야 했는데….

그땐 또 잘 부탁할게라는 말을 하기 전에 말이야.'

미랑이는 고맙다는 말도 못 하고 부탁만 했어요. 그래서 이렇게 고맙다는 말을 하고 싶었던 것이었는데, 그럴 수가 없었어요.

한 번 떠난 마리는 돌아올 줄 몰랐어요.

'참 멋진 애였는데…. 마리는 정말….'

마리가 떠나갈 때의 튼튼한 모습이 다시 또 떠올랐어요.

'알을 찾았다면 참 좋을 텐데.'

알을 꼭 찾았으면 하는 마음뿐이었어요.

'지금쯤이면 예쁜 올챙이가 되어 있을지도 모르겠고.'

이번에는 마리가 자신의 알을 찾아 행복해하는 모습을 떠올려 보았어요.

그러면서도 미랑이는 자신의 모습을 되돌아보며 아기 씨앗들을 더 잘 키워야겠다고 굳게 다짐했어요.

그러는 사이에도 시간은 많이 흘러갔어요. 어느새 꽃은 지고, 꽃봉오리는 점점 더 오그라들었어요.

그렇지만 사실을 말하자면, 정반대였어요. 말라비틀어진 줄로만 알았던 꽃봉오리는 사실 말라비틀어진 것이 아니었어요. 그 속에서는 상상도 못 할 일이 일어나고 있었어요. 실은 아기 씨앗들이 토실토실 자라나고 있었던 거예요. 이처럼 겉과 속은 달랐지요.

'어떻게 하면 안전하게 키울 수 있을까?

이젠 마리도 없는데, 지금까지 옆에서 지켜 주던 마리도 없는데…'

마리처럼 누군가가 도와줄 수 있는 친구가 있으면 좋으련만, 그럴 만한 동물은 아무리 찾아봐도 없었어요. 주변에는 아무것도 없었거든요.

'자칫 잘못하면 지나가던 동물이 꽃대를 밟고 갈 수도 있고, 툭 치고 갈 수도 있고 말이야. 그러면 목이 부러질 수도 있는데…'

이런 생각이 들자 미랑이의 마음은 불안하기만 했어요. 생각하면 할수록 그런 불안감은 깊어만 갔어요.

'바람이 너무 세게 불어도…. 태풍이 몰아치면, 목이 부러질 수도 있는데….'

이런 생각을 하고는 저도 모르게 불안에 떨었어요.

'어쩌면 좋지?'

그렇다고 하여 좋은 생각이 떠오르는 것도 아니었어요.

생각은 많이 해 봤지만 좋은 생각은 없었어요. 쓸모없는 생각들만 많았어요.

미랑이는 매일매일을 이런 고민을 하며 보냈어요. 불안감은 점점 더 깊어지기만 했어요.

아쉬움에 마리가 있던 곳을 바라보기도 했어요. 바라보고 또 바라봤어요. 혹시 돌아오지 않았나 하는 생각에서 말이에요.

그렇지만 마리는 돌아오지 않았어요.

그리움에 젖어 마리가 있던 곳을 바라보며 지내던 어느 날, 미랑이에게 아주 좋은 생각이 떠올랐어요.

'옳지. 그러면 되겠구나!'

미랑이는 마리가 있던 곳을 다시 한 번 좀 더 자세히 살펴봤어요. 잘 살펴보니 지금도 그곳은 그대로였어요. 마리가 옆에 있을 때, 땅을 파고 들어갔던 굴이 그대로 있는 것이었어요.

얼마 전인가 한번은 바람이 세게 불고 비가 내린 적이 있었어요. 그 때문에 옆의 흙이 조금은 무너져 내려 있었지만 그래도 좋았어요.

그곳을 잘 이용하면 안전하게 아기 씨앗들을 보호하며 잘 여물게 할 수 있을 것 같았어요.

미랑이는 말라비틀어진 꽃봉오리를 정말 소중한 보물을 다루듯, 조심스럽게 다루며 아래로, 아래쪽으로 내리기 시작했어요.

꽃봉오리 속에서 지금도 무럭무럭 자라나고 있는 아기 씨앗들이 놀라거나 다치지 않도록 하려면 꽃봉오리를 아주 천천히 내리는 수밖에 없었어요.

힘은 들었지만 속에 들어 있는 아기 씨앗들을 생각하면 힘든 줄도 몰랐어요.

미랑이는 밤새도록 시든 꽃봉오리를 내렸고, 아침 해가 뜰 무

렵에는 마침내 마리가 있던 곳으로 옮겨 놓을 수 있었어요.

그렇다고 하여 꽃봉오리나 줄기를 땅에 닿게 할 수는 없었어요. 땅에 닿으면 물기에 젖을 수 있고, 젖으면 썩을 염려가 있었기 때문이었지요.

그렇기 때문에 꽃대는 땅에 거의 닿을 정도로만 내려야 했고, 꽃봉오리는 위로 세워야 했어요. 꽃봉오리만은 말이에요.

이를 위해 미랑이는 꽃봉오리의 바로 아래 부분만을 위쪽으로 구부렸어요. 하늘로 향하도록 말이에요.

미랑이는 그런 식으로 꽃봉오리만을 세워 놓은 것이었어요. 그럴 수밖에 없었어요. 아기 씨앗들은 너무도 소중했고, 결코 젖어서는 안 되었거든요.

그런 다음에는 온갖 영양분을 그곳으로 집중시켰어요. 그 덕분에 아기 씨앗은 점점 더 튼튼하게 여물어 갔어요.

겉모습은 점점 더 말라비틀어져 볼품이 없어졌지만, 속으로는 점점 더 아기 씨앗들이 토실토실하게 여물어 가고 있었던 거예요.

크기도 커졌고, 단단해졌고, 한쪽 끝에서는 솜털도 조금씩 돋아났어요. 멀리멀리 날아가려면 솜털도 필요했거든요. 그것도 단단할수록 좋았어요.

솜털이 없으면 지금 있는 이곳을 떠나갈 수가 없거든요. 그래서 솜털을 잘 만들지 않으면 안 되었어요.

필요할 때가 되면 잘 펴져서 바람을 잘 받도록 말이에요.

그런 노력이 결실을 맺을 때가 된 것 같았어요. 이제는 떠나도 될 만큼 잘 자라난 것 같았어요.

그 씨앗들이 자신의 곁을 떠나 저 멀리 날아가더라도 그곳에서 뿌리를 내리며 잘 살아갈 수 있을 것 같았어요.

'그렇지. 이번에도 또 해님과 바람님에게 부탁을 해야지.

날씨는 맑고 바람은 쌩쌩 불게 해 달라고….

씨앗들이 아주 멀리멀리 날아갈 수 있도록 말이야.'

미랑이는 기뻤어요. 행복한 나날이 계속되었고, 새로운 생각도 떠올랐어요.

'그렇지. 그래, 이제부터는 나에게도 할 일이 있어. 나만의 일이 생긴 거야.'

아기 씨앗과의 마지막 인사

미랑이는 해님과 바람님에게 부탁을 드렸어요. 어둠이 내려올 무렵부터는 누워 있는 꽃대를 일으켜 세우기 시작했어요.

그랬어요. 미랑이가 이제부터 해야 할 일은 바로 이것이었어요. 꽃대를 다시 또 바로 세우는 일 말이에요.

그뿐이 아니었어요. 이날을 기다리며 꽃대의 길이도 조금씩 더 길게 만들어 놓았어요.

꽃대는 길면 길수록 높이 올리기는 어려웠지만, 높이 올라가면 올라갈수록 좋았어요. 더 높이 올리면 올릴수록 씨앗들을 그만큼 더 멀리 날려 보낼 수 있었거든요.

그리고 이곳을 벗어나려면, 그러니까 시멘트로 둘러싸인 이곳을 벗어나려면 높이 더 높이 올리는 수밖에 없었어요. 이런 측면에서도 높이 올리면 올릴수록 좋았지요.

미랑이는 이런 생각에서 밤새도록 꽃대를 올리고 또 올렸어요. 아기 씨앗들을 생각하면 힘든 줄도 몰랐어요.

새벽이 되어서도, 아침이 되어서도, 점심때가 되어서도 오직 꽃대를 높이 올리는 일에만 신경을 곤두세웠어요.

그런 노력이 있었기에 꽃대는 정말 높이 올라갔어요. 올릴 수 있는 한 최대한 올린 다음, 굳게 닫혔던 봉오리를 다시 펴기 시작했어요.

봉오리가 펴지자 하얀 솜털이 나오기 시작했어요. 그동안 곱게 만들어 온 솜털이었어요. 지금 막 벌어져서 그런지 아직은 습기가 많이 남아 있었어요.

바람이 조금씩 불기 시작하자 솜털에 배어 있던 습기는 날아갔어요. 솜털은 한 가닥씩 펴지며 낙하산 모양으로 펼쳐졌어요.

미랑이는 기다렸어요. 좀 더 센 바람이 불어오기를 말이에요.

그렇기 때문에 약한 바람에도 날고 싶어 들떠 있는 아기 씨앗들을 날아가지 못하도록 꼭 붙들어야 했어요.

"조금만 더 기다려 보렴! 곧 좋은 바람이 불어올 거야."

미랑이는 이런 말로 아기 씨앗들을 달래 보았어요. 그렇지만 아기 씨앗들은,

"빨리 날아가고 싶어요. 엄마!"

라고 말하며, 한시라도 빨리 날아가고 싶어 했어요.

"안 돼, 안 돼. 기다려야 해. 좋은 바람이 불어올 때까지."

미랑이는 이런 말을 하며 날아가고 싶어 하는 아기 씨앗들을 달래고 또 달래며 날아가지 못하도록 꼭 붙잡았어요.

"알았어요. 엄마! 기다릴게요."

위에서 아래로 또는 옆으로 불어오는 바람보다는 아래에서 위로 불어오는 바람이 훨씬 더 좋았어요. 그렇기 때문에 이 바람이 불어올 때까지 기다리고 또 기다렸던 것이었어요.

기다리다 보니, 마침내 그런 바람이 불어왔어요.

미랑이는 한꺼번에 아기 씨앗들을 그 바람에 태웠어요. 그러고는 높이높이, 아주 높이 올라가기만을 간절히 빌었어요.

'너희들은, 너희들만큼은 이런 메마른 땅에서 벗어나야 돼. 푹신푹신하고 거름기 많은 흙에서 무럭무럭 자라나렴.'

미랑이는 아기 씨앗들이 좋은 땅에 닿기만을 바랐어요. 좋은 땅에서 행복하게 살기만을 바라고 또 바랐어요.

"엄마! 안녕! 안녕히 계세요."

"우리들은 희망을 품고 새로운 세상을 찾아 떠나갑니다."

씨앗들은 떠나가며 마지막 인사를 했어요.

"잘 가렴!"

미랑이도 마지막 인사를 했어요. 잘 날아가기를 바라면서 말이에요. 인사를 하는 미랑이의 눈에 그렁그렁 눈물이 고였어요.

"고맙습니다. 잘 키워 줘서, 고맙습니다."

"새로운 땅에서 잘 살게요. 엄마! 엄마처럼 말이에요. 열심히 살게요."

씨앗들은 고맙다는 인사뿐 아니라 엄마처럼 열심히 살겠다는 다짐을 하며 엄마 곁을 떠나갔어요.

"서로 도우며 열심히 살게요."

"저도 엄마처럼 아름다운 꽃으로 피어날게요."

씨앗들은 날아가면서 그동안 잘 키워 준 엄마에게 제각각 마지막 인사를 하고는 떠나갔어요.

모두들 고맙다는 말을 한마디씩 하면서, 잘 살겠다는 말을 한마디씩 하면서 높이 더 높이 올라갔어요. 자신의 꿈을 한 아름씩 안고 말이에요.

각자 지닌 꿈은 모두 달랐지만 그보다 더 소중한 것도 없었어요. 그렇지만 아름답게 피어나고 싶다는 것은 한결같은 마음이었어요. 고마움의 마음처럼 말이에요.

이와 같은 꿈에 부풀어, 자기만의 꿈을 찾아 높이 더 높이 올라갔어요. 이번에는 아래에서 또 바람이 불어왔어요. 세찬 바람이 말이에요.

아래에서 불어오는 돌풍을 타고 하늘 높이 올라간 씨앗들은 다시 또 높은 곳에서 불어오는 바람을 만났어요. 그 바람을 타고는 멀리멀리 날아갔어요.

멀리멀리 날아갔지만….

멀리멀리는 날아갔지만, 아무런 소용이 없는 일이었어요. 바람이 그치자 아래로 떨어지기 시작했어요.

안타깝게도 대부분은 다시 또 시멘트 길 위로 떨어지는 것이었어요.

불행하게도 그렇게 떨어진 씨앗들은 차바퀴에 깔렸고, 솜털은 떨어져 나갔어요. 이리저리 굴러다니다 결국에는 숨을 거두고 말았어요. 잘 살아 보겠다는 꿈도 피워 보지 못한 채 말이에요.

얼마 되지는 않았지만 옆에 있는 논으로 떨어진 씨앗들도 있었어요. 그 씨앗들은 물에 닿자마자 솜털이 젖었고, 그렇게 젖은 솜털은 곧 떨어져 나갔어요.

씨앗은 물속으로 가라앉고 말았어요. 엄마처럼 열심히 살겠다던 꿈도 함께 말이에요.

서너 개의 씨앗은 마리가 예전에 빠졌던 물길에 빠지고 말았어요. 물에 빠지자마자 솜털이 젖어 떨어져 나갔고, 씨앗은 물길을 따라 아래로 떠내려갔어요.

바닥에 닿아 긁히기도 했고 그렇게 긁힌 곳에는 병균이 침입하여 썩기 시작했어요. 서로 도우며 살겠다던 꿈도 함께 썩어 가

기 시작했어요.

하나의 씨앗은 멀리멀리 날아갔어요. 물길을 건너, 둑을 건너 저 멀리 날아갔어요. 그리고 마침내 어느 개울에 이르렀지요.

그렇지만 그 씨앗도 그만 말라빠진 나뭇가지에 걸리고 말았어요.

나뭇가지에 걸린 그 씨앗은 옴짝달싹 못하게 되었어요. 씨앗은 움직여 보려고 안간힘을 써 봤지만 꿈쩍도 하지 않았어요. 이리저리 흔들어도 보았지만 조금도 움직여지지 않았어요. 그러고 보면 나뭇가지에 꽉 끼고 만 모양이에요.

그래도 다행인지 불행인지는 모르겠지만 솜털만큼은 그대로 붙어 있었어요.

그때였어요.

한 마리의 이상한 동물이 나타난 것은 바로 그때였어요.

그 동물은 배가 고팠던지 이 씨앗을 먹기 위해 입을 쩍 벌렸어요. 있는 힘껏 벌리고 또 벌렸어요. 아주 크게 말이에요.

어쩌면 이 동물에게 이 씨앗은 솜털이 달려 있었기 때문에 파리로 보였는지도 모르겠어요. 그야말로 맛 좋은 먹잇감으로 말이에요.

사실, 이 동물에게 있어 파리는 정말 맛있는 먹잇감이었거든요.

씨앗은 깜짝 놀랐어요. 이만저만 놀란 게 아니었어요. 태어나서 처음 맞게 되는 위기였어요.

죽을지도 모른다는 위기감이 온몸으로 퍼져 나갔어요. 죽을힘을 다해 씨앗은 소리를 질렀어요. 쩍 벌린 입을 본 씨앗은 몸을 움츠리며 소리를 질러 댔어요. 지르고 또 질렀어요.

"꺅!"

"꺄악 꺅!"

그렇지만 아무런 소리도 나오지 않았어요. 목청껏 질러 댔지만 입 밖으로는 나오지 않았어요. 한마디의 말도 말이에요.

그러고 보면 너무도 놀랐기 때문에 비명 소리도 나오지 않았던 것이었어요.

'어떡하지? 어떡해…….'

위기에 처한 씨앗은 발만 동동 구를 뿐이었어요. 씨앗으로서는 어떻게 할 도리가 없었거든요.

발도 없고 손도 없고……. 이러다가 솜털이 떨어지기라도 하면, 그것은 더 큰일이었어요.

이러지도 못하고 저러지도 못하고 겁에 질려 덜덜 떨고 있는데, 이런 이 씨앗을 향해 아주 빠른 속도로 다가오는 무엇인가가 있었어요. 끈적끈적한 무엇인가가 말이에요.

이상하게 생긴 무엇인가가 자신의 몸에 닿자 어린 씨앗은 눈물로 가득 찬 두 눈을 꼭 감았어요.

'이렇게 끝나는구나!

예쁜 싹을 내고, 아름다운 꽃으로 피어나고 싶었는데….

내 꿈은 새로운 땅에서 아름답게 피어나는 것이었는데….'

엄마처럼 예쁘게 피어나고자 하는 꿈도 이제는 소용없는 일이 되어 버리고 말았어요.

'엄마! 엄마, 미안해요. 엄마, 미안해요.'

새로운 땅에서 예쁘게 피어나고자 했는데, 그런 꿈이 사라졌기 때문에 미안한 마음만이 가득했어요. 그동안 키워 준 보람도 없어지고 말았어요.

'저는 여기까지인 것 같아요. 여기까지….

미안해요. 엄마!'

마지막까지 살아남았던 하나의 씨앗은

"무서워요! 무서워!"

라는 말과 함께 눈을 아주 꼭 감았어요. 그러자 지금까지 꾹 참았던 눈물이 주르륵 흘러내렸어요.

아기 씨앗은 어디론가를 향해 빠른 속도로 빨려 들어갔어요. 어두운 곳으로 말이에요.

마리의 도전, 그 후

며칠 전.

그동안 친하게 지냈던 미랑이에게 인사를 마친 마리는 건너편의 논으로 건너가기 위해 온힘을 다해 폴짝 뛰었어요.

다리에 힘을 잔뜩 주어 힘껏 뛰어올랐지요. 저 건너편을 향해서 말이에요.

'하늘을 나는 기분이야!'

기분이 정말 좋았어요. 이렇게 하늘 높이 뛰어오른 것을 보니 몸이 튼튼해졌다는 것을 실감할 수 있었어요.

'미랑아! 고마워.'

그러고 보니 이 모든 것이 미랑이 덕분이었어요.

'잘됐다, 잘됐어. 이젠 됐어.'

하늘을 날아가는 중에도 이런 생각이 들었어요. 건너편으로 갈 수 있을 것 같다는 생각이 들었어요.

그만큼 몸이 튼튼해졌으니, 알이나 그 알에서 생겨난 올챙이들을 찾을 수 있다는 희망도 생겨났어요.

마리는 기쁨과 희망을 품고 건너편의 논으로 건너가는 데 성공했어요.

이 모든 것이 그동안 자신에게 먹이와 휴식을 아낌없이 주었던 미랑이 덕분이라고 생각하니, 미랑이에 대한 고마운 마음이 다시 또 솟아올랐어요. 함께했던 즐거운 추억들도 떠올랐어요.

'그때는 참 좋았는데….'

그렇지만 한 번 건너온 이상 어쩔 수 없었어요. 다시 그곳으로 돌아갈 수는 없는 일이었어요.

'어쩔 수 없지. 고마운 마음을 이 가슴속에 잘 간직해야지. 언젠가는 기회가 올 거야. 그때가 되면 꼭 갚아야지.'

마리는 마음속으로 다짐을 했어요. 꼭 갚겠다고 말이에요.

'그건 그렇고, 그렇지. 한 알이라도 있지 않을까?'

마리는 이런 희망을 가슴에 품고 건너편의 논들을 살펴봤어요. 자신이 낳은 알이 있는지 없는지 확인을 해 보기 위해서 말이에요.

'엥!'

한참을 살펴본 마리는 실망감을 감출 수가 없었어요.

'한 알도 없잖아. 한 알도….'

마리의 얼굴은 화끈거리며 붉어졌어요. 알은 물론이고, 올챙이 한 마리도 발견할 수 없었거든요.

'어디로 갔을까?'

놀란 마음으로 두리번거리며 찾아봤어요. 그렇지만 찾을 수 없었어요.

'어떡하지?'

이런 생각에 마음은 불안하기만 했어요.

마리는 다시 또,

'다들 어디를 갔을까?'

라는 생각으로 주변을 둘러봤어요.

'한 알도 없으면 어떡하지?'

이런 생각만으로도 기쁨은 한순간에 푹 꺼지고 표정은 점점 더 어두워졌어요. 희망도 확 줄어들었어요.

없어도 너무 없고 조용해도 너무 조용해 그런지, 다른 친구들도 생각났어요. 그러자 문득,

'혹시, 다른 친구들도 나처럼….'

이라는 생각이 들었어요.

'다른 친구들도 논에 알을 낳지 못한 것이 아닐까?'

이런 생각이 들자, 마음은 점점 더 불안해지기 시작했어요.

'다른 친구들도 자신처럼 알을 낳지 못하고 어디론가 가 버린 것이 아닐까?'

이번에는 이런 생각이 들자, 이대로 가만히 있을 수만은 없었어요. 다른 논들도 확인을 해 보고 싶은 생각이 불쑥 들었어요.

'그렇지. 그러면 아래의 논들도 살펴보자.'

마리는 아래의 논으로 발걸음을 옮기기 시작했어요. 논둑에 무성하게 자라난 풀들을 헤치고 아래로, 더 아래쪽을 향해 껑충껑충 뛰기 시작했어요.

때로는 쇠뜨기라는 풀의 꽃에서 나오는 꽃가루가 온몸에 묻기도 했어요. 때로는 눈에 붙기도 했어요.

그렇지만 그런 것에 신경 쓸 여유는 없었어요. 오로지 아래쪽을 향해 뛰고 또 뛰었어요.

'제발! 아래의 논에는 알이나 올챙이가 한 마리라도 좋으니, 있기만 하면 좋으련만.'

이런 마음만이 간절했어요.

여전히 불안했지만, 그래도 있지 않을까 하는 한 가닥의 희망을 품고 뛰고 또 뛰었어요.

냉이들도 많이 자라나 있었어요. 그 위를 뛸 때는 기분이 좋았어요. 푹신푹신한 그 느낌이 정말 좋았거든요.

그렇지만 그런 느낌을 즐길 만큼의 여유는 없었어요. 마리는 뒷다리에 힘을 더 주어 힘껏 뛰었어요. 더 높이 뛰어올랐어요.

한 가닥의 희망에 의지하여,

'제발! 있었으면…. 한 마리라도 좋으니, 있기라도 하면 좋으련만!'

하는 마음으로 뛰어갔어요.

마리는 그런 애타는 심정으로 아래의 논에 도착했지만, 그곳에도 없었어요. 알이나 올챙이는 한 마리도 찾아볼 수 없었던 거죠.

'논의 가장자리가 아니라 좀 더 안쪽에 있을지도 몰라.'

이번에는 이런 생각으로 논의 안쪽으로 들어가 보기로 했어요. 목만 물 밖으로 내밀고는 앞발과 뒷다리를 이용하여 헤엄쳐 들어갔어요.

"텀벙! 텀벙! 텀벙! 텀벙!"

이런 소리를 내며 다급하게 안쪽으로, 더 안쪽으로 텀벙대며 헤엄쳐 들어갔어요.

논에는 모내기를 한 지 얼마 안 된 벼들이 자라나고 있었어요. 개구리밥도 많이 떠 있었어요. 개구리밥이 입으로 들어오고 눈을 가리기도 했지만, 그런 것에 신경 쓸 새는 없었어요.

'연두색으로 쫙 깔린 개구리밥들 속에 숨어 있는 것이 아

닐까?'

마리는 이런 생각으로 개구리밥이 모여 있는 쪽을 향해 있는 힘껏 헤엄쳐 갔어요.

서둘러 들어갔기 때문인지 텀벙텀벙 하는 소리는 더 크게 났고, 이번에는 올챙이들이 있을 만한 곳을 찾아 머리를 숙인 다음 물속 깊이 들어갔어요.

흙탕물이 많이 일어났지만 그래도 눈을 크게 뜨고 찾아봤어요.

'여기에도 없잖아!'

역시 한 마리도 찾아볼 수 없었어요.

'이를 어째? 이를 어쩌지.'

점점 더 마리는 애가 탔어요. 실망감에 울고 싶었어요.

물속을 아무리 찾아봐도 찾을 수가 없자 애타는 마음은 눈물이 되어 솟아올랐어요. 그렇게 솟아오른 눈물은 왕방울만 한 눈에 점점 더 고이기 시작했어요.

시간이 지날수록 더 큰 눈물방울로 부풀어 올랐어요. 금방이라도 떨어질 것처럼 말이에요.

희망은 점점 더 줄어들고, 깊은 절망감이 배어들 무렵, 마리는 하늘을 한 번 올려다봤어요. 물속에 잠겨 얼굴만 물 밖으로 내민 채 맑고 푸른 하늘을 올려다봤어요.

슬픔을 감추려고 하늘을 올려다보았어요. 절망감에서 벗어나기 위해 푸른 하늘을 올려다보았어요.

속으로는 미랑이를 생각하면서 말이에요. 즐거웠던 그 시절을 떠올려 보며 말이에요.

그러자 힘이 솟았어요.

'미랑이라면, 이 상황에서 나에게 어떤 말을 해 주었을까?'

이런 생각만으로도 힘이 솟는 것이었어요.

'미랑이라면 분명 이렇게 말했을 거야. 희망을 잃지 말라고. 어떤 어려운 상황에서도 희망을 잃어서는 안 된다고.'

이런 생각을 하고 있으려니 힘도 솟고, 힘이 솟으니 또 행복했어요.

막연했지만 한 가닥의 희망이 다시 또 마음속에서 꿈틀대며 생겨나는 것 같았어요.

그런데 바로 그때였어요.

"아니! 저건."

무엇인가가 하늘을 날아가는 것이 보였어요. 하늘을 훨훨 날아가는 무엇인가가 보였던 것이었어요.

그곳에는 한 번도 본 적이 없는 무엇인가가 하늘 높이 날아가고 있었어요.

12

마리의 바람

하늘을 날아가는 무엇인가를 바라보며 마리는 곰곰 생각해 보았어요.

'그렇지. 지난번에 미랑이는 이런 말을 했었지. 아기 씨앗들이 다 자라면 저 멀리멀리 하늘을 날아간다고….'

이런 생각은 곧

'그렇다면 저것이 바로 그 씨앗이 아닐까?'

라는 생각으로 이어졌어요. 그리고 그 생각은,

'그럴지도 모른다. 그럴지도…. 아니, 분명 그럴 거야.'

라는 생각으로 점점 더 굳어져 갔어요.

그때는 하늘을 날아간다는 말이 무슨 뜻인지 알 수 없었는데,

이렇게 두 눈으로 보고 있으려니 이제는 그 말을 이해할 수 있을 것 같았어요.

'우와! 정말로 하늘을 날아가잖아!'

마리는 한동안 그 씨앗을 바라봤어요. 그것이 날아가는 방향을 뚫어지게 바라보았어요. 반은 신기함에 이끌려, 반은 호기심에 이끌려 말이에요.

사실, 그 씨앗은 분명 전에 함께 있었던 미랑이가 날려 보낸 민들레의 씨앗이었어요.

그중에서도 미랑이 앞에 있던 물길을 따라, 그리고 마리가 건너뛴 그 물길을 따라 하늘을 날아가던 그 씨앗, 바로 그 씨앗이었어요.

미랑이를 떠날 때,

"저도 엄마처럼 아름다운 꽃으로 피어날게요."

라고 말했던 바로 그 씨앗이었어요. 큰 꿈을 안고 먼 길을 떠났던 바로 그 씨앗 말이에요.

그러고 보면 그 물길 위를 날아가던 씨앗이 그 순간 마리의 눈에 비쳤던 것이었지요.

한동안 바라보고 있으려니, 그 씨앗은 분명 물길을 따라 저 멀리, 아주 먼 곳으로 날아가고 있었어요.

'마침 잘되었다.'

이런 생각이 마리에게 들었어요. 날아가는 것을 보고 있으려니 좋았어요.

근심 걱정을 떠나 가벼운 마음으로 바라보고 있으려니, 마음도 한결 편안해졌어요. 그리고 새로운 생각도 떠올랐어요.

'나도 이참에 이 물길을 따라 내려가 보자. 나의 알들도 논으로는 들어간 것 같지 않으니까.

어쩌면, 이 물길을 따라 아래로, 저 아래쪽으로 떠내려갔을지도 모르잖아.'

막연한 희망을 품어 봤어요.

'어쩌면, 저 씨앗이 나에게 행운을 가져다줄지도 몰라.'

자신의 앞날을 긍정적으로 바라보고 싶었어요.

'미랑이는 늘 나에게 희망을 줬잖아. 먹이도 많이 줬고…. 떠나야 할 때뿐 아니라 어디로 가야 할 방향까지도 알려 줬잖아.'

그래요. 마리의 마음에는 새로운 희망이 꿈틀대고 있었어요.

'늘 희망을 안겨 준 미랑이였으니까, 분명 그 씨앗도 나에게 큰 행운을 안겨 줄지 몰라.'

막연한 희망이었지만 그런 희망에 의지하고 싶었어요. 그러자 마리의 네 다리에는 힘이 솟아나기 시작했어요.

'소중한 알이, 그 알에서 생겨난 나의 아기들이 있는 방향을 알려 줄지도 몰라.'

이런 생각을 하고 있으려니 마냥 기뻤어요. 이제는 자신이 가야 할 방향도 알 것 같았어요.

여리고 여린 한 가닥의 희망이었지만, 지금으로서는 그 희망밖에 없다는 것을 안 마리는 그 씨앗이 날아간 방향을 따라가기로 결심했어요.

논 안에 있던 마리는 논둑을 향해 헤엄치기 시작했어요. 뒷발의 물갈퀴에 힘을 주어 물을 힘차게 뒤로 밀었어요.

마리는 전속력으로 논둑을 향해 헤엄쳤고, 마침내 논둑의 가장자리까지 오게 되었어요.

가장자리의 흙을 밟고 간신히 기어오른 마리는 이번에는 다시 또 논둑 위로 올라왔어요. 가파른 언덕길이었지만, 뒷발과 앞발에 힘을 주어 기어올랐어요. 힘들었지만 있는 힘을 다해 기어올랐어요.

가까스로 올라온 마리는 다시 또 물길이 있는 곳을 향해 껑충껑충 뛰어갔어요. 쉴 새도 없었어요.

물길의 가장자리에 서서 물길을 바라보니 다행히도 물길에는 물이 가득 흘러가고 있었어요.

'잘되었다, 잘되었어. 이 물길을 따라가면 쉽게 아래로 내려갈 수 있을 거야.'

마리는 물길을 향해 몸을 날렸어요. 굽혀졌던 뒷발이 하늘을 향해 쭉 뻗어가는가 싶더니 어느새 물속으로 떨어졌어요.

"첨벙!"

마리는 물속 깊은 곳으로 빨려 들어갔어요. 그런 다음에는 물이 흘러가는 방향을 따라 힘차게 물질을 했어요.

뒷발의 물갈퀴를 이용하여 물을 힘차게 찬 덕분에 빠른 속도로 내려갈 수 있었어요.

물길을 따라 내려가다 보니 논으로 들어가는 물꼬[3]들이 많이 있었어요. 어쩌면 그런 물꼬로 알들이 빨려 들어갔을지도 몰라요.

그렇지만 지금까지 살펴본 바에 따르면, 논에서는 아무리 찾아봐도 찾을 수가 없었어요. 그래서 그 아래의 논들에도 없는 것으로 생각할 수밖에 없었지요.

그래도 혹시 모른다는 생각에 물꼬를 따라 논으로 들어가 봤지만 역시나 한 마리도 찾아볼 수 없었어요.

다시 또 논둑으로 기어 올라온 다음, 다시 또 물길을 향해 몸을 날렸어요. 그러고는 흘러가는 물살을 따라 아래로, 더 아래쪽을 향해 내려갔어요.

길고 긴 물길을 따라가다 보니 마침내 물이 떨어지는 소리가

---

[3] 논에 물이 들어오거나 나가도록 만들어 놓은 좁은 통로를 말한다.

들렸어요. 그 소리는 분명 물이 높은 곳에서 낮은 곳으로 떨어질 때 나는 소리였어요.

그 소리를 들으니 마침내 논둑의 물길에서 개울로 통하는 통로까지 온 것 같은 느낌이 들었어요. 이곳을 지나가면, 앞으로 다시는 이곳을 거슬러 올라올 수는 없을 거예요.

논둑의 물길과 개울로 통하는 물길 사이에는 높이 차가 너무 많이 났어요. 1.5m는 훨씬 더 넘을 것 같았어요.

마리의 눈에 비친 이곳은 깊고 깊은 낭떠러지와 같은 곳이었어요. 어마어마하고 무시무시하게 보이는 낭떠러지 말이에요.

그렇기 때문에 마리와 같은 개구리의 힘으로는, 아무리 힘이 센 개구리라 하더라도 그 높이를 뛰어오를 수는 없었어요. 기어오르는 것도 거의 불가능한 일이었고요.

'하는 수 없어. 다시는 못 올라와도 좋아.'

마리는 뒤를 돌아보며 마음을 추스르고 다짐했어요.

'나의 소중한 알이나 아기들을 만날 수만 있다면 이 험한 길도 건너지 않으면 안 되는 거야.'

마리는 너무도 높은 높이에 겁도 좀 났지만, 다시 또 알을 생각하며 마음을 굳게 먹었어요.

'소중한 것을 되찾기 위해서는.'

마음을 단단히 먹은 마리는 개울로 통하는 통로를 향해 내려

갔어요.

 통로 끝에 내려왔을 때는 가슴을 펴고 머리를 들어 올려 심호흡을 크게 한 다음, 두 다리에 힘을 주었어요. 그리고 있는 힘껏 뛰었어요.

 두 다리를 쭉 뻗어 있는 힘껏 말이에요.

 한참을 날아간 뒤에야 "첨벙"하는 소리가 났어요.

 마리는 그 소리와 함께 물속 깊은 곳으로 빨려 들어갔어요. 그러고는 아주 깊이 빨려 들어갔어요. 아주 깊이….

 너무 높은 곳에서 떨어졌기 때문인지, 머리도 아팠고 배도 좀 아팠어요. 위아래로 소용돌이치는 물살을 따라 이리저리 구르다 보니 어지럽기도 했어요.

 그렇지만 그런 고통도 참지 않으면 안 되었어요. 소중한 것을 되찾고 지켜 내기 위해서는 말이에요.

소용돌이치는 물살에서도 가까스로 정신을 차린 마리는 물살을 비켜 가며 위로 떠오르기 위해 온갖 힘을 다했어요.

그 덕분인지 가까스로 물 위로 올라올 수 있었어요. 세차게 일렁이는 물살 위로 머리와 입을 내밀고는 그동안 참았던 긴 숨을 내쉬었어요.

그런 다음에는 아래쪽으로 가기 위해 좀 더 힘을 내어 보기로 했어요.

개울은 그곳에서 그리 멀지 않은 것 같았어요. 멀지는 않았지만 어둠침침한 긴 터널을 지나지 않으면 안 되었어요.

'좀 어둡네. 그렇지만 이 터널만 지나면 개울이 나올 거야.'

마리는 애써 힘을 내었어요.

어둠이 싫고 무섭기도 했지만, 저 건너편에 있을 밝은 빛만을 생각하며 앞으로 앞으로 나아갔어요.

기분도 좋아졌어요. 저 멀리 보이는 한 가닥의 작은 빛과 함께 기분도 점점 좋아지는 것이었어요.

그리고 보니 정말 저 멀리에서 밝은 빛이 새어 들어오는 것도 같았어요. 그 빛이 새어 들어오는 쪽이 바로 개울 쪽인 것 같았어요.

'저곳은 어떤 세상일까?'

호기심도 생겼어요. 그렇지만 그런 호기심에 이끌려 이리저리 돌아다닐 수는 없는 일이었어요. 그보다 더 중요한 일이 있었기 때문이었지요.

'저곳에 과연 나의 소중한 알들이, 아니면 아기 올챙이들이 있을까?'

마리의 마음속엔 온통 이 생각뿐이었어요.

'한 마리라도 있으면, 좋으련만.'

간절하게 바랐어요.

'하느님! 많은 것을 바라지는 않아요. 한 마리라도 살아 있으면, 한 마리만이라도 볼 수 있다면, 저는 그것으로 행복해요. 한 마리만이라도 볼 수 있도록 도와주세요.'

마리는 하늘을 향해 정말 간절하고 애절한 마음을 외쳐 봤어요. 마음속으로 말이에요.

그 뜻이 닿을 수 있도록 말이에요. 아니, 어쩌면 그 뜻이 통할 수 있도록 말이에요.

온 힘을 다해 바라고 또 바랐어요.

13

마리,
아기씨를 만나다

마리는 많은 것을 바라지는 않았어요.

한 마리만이라도 볼 수 있으면 좋겠다는 생각을 하다 보니 어느새 개울에 도착해 있었어요.

계속하여 물속에 있을 수는 없었기 때문에 헤엄쳐 가장자리로 향했어요. 물이 좀 차갑게 느껴졌기 때문에 빠른 속도로 나왔어요. 가장자리에는 풀이 많이 자라나고 있었어요.

그렇지만 그곳에도 역시 푹신푹신한 흙은 없었어요.

가장자리 쪽의 바닥에는 돌이 깔려 있었고, 그 돌들은 철사 같은 것으로 묶여 있었어요. 그 돌들 틈으로 풀이나 나무들이 자라나고 있었어요. 무성하게 말이에요.

돌 위에 올라와 그 개울을 들여다보니 지금까지 타고 온 물길보다 훨씬 더 넓고 물살도 더 빨라 보였어요. 그러고 보니 물도 더 차가웠어요.

'이러다간 감기 들겠어. 너무 차갑잖아.'

마리는 갑자기 차가워진 물에 어안이 벙벙했어요. 그리고 좀 더 시간이 지나자 이런 생각이 떠올랐어요.

'이런 곳에서는….'

마리는 깜짝 놀랐어요. 차가운 물은 개구리의 알이나 올챙이가 살기에 적합한 물이 아니었기 때문이었어요.

'이런 곳에서는… 살 수 없어.'

가슴이 턱 막히는 것이었어요. 찬물에 모든 알들이 죽었을지도 모른다고 생각하니, 불쌍하다는 생각만이 감돌았어요. 자신도 모르게 눈물이 흘러내렸어요.

희망은 순식간에 날아갔어요. 한 가닥의 희망은 이렇게 물거품처럼 사라지고 말았지요.

'우리 알들은 미지근한 물이 아니면 안 된다고….'

안타까움을 떨쳐 버리기 위해 이렇게 외치고 싶었어요.

'고여 있는 물이 아니면 안 된다고….'

너무도 큰 슬픔에 이렇게 외치고 싶었어요. 목청껏 외치고 싶었어요.

'배고픔을 참고, 피곤한 몸을 이끌고 여기까지 왔는데, 수없이 많은 위험을 무릅쓰고 여기까지 왔는데….'

이런 생각을 하면 할수록 허탈감은 더욱더 밀려왔고, 온몸의 힘은 빠져나갔어요. 이제 마리에게는 발가락 하나 움직일 힘조차 없었어요.

살고자 하는 힘이 생겨나지 않았어요.

눈앞에 흘러가는 물도 시커멓게 보이기 시작했어요. 삶의 의욕을 잃었기 때문인지, 마리의 눈에는 그렇게만 보이는 것이었어요.

이제는 더 이상 개울물을 보고 싶지 않았어요. 마리의 눈에는 개울물이 죽음의 물로 보였거든요.

알들을 모두 죽인 죽음의 물로…. 아기 올챙이들이 살 수 없는 죽음의 물로 보였거든요.

아니 어쩌면, 이렇게 된 원인의 원인을 거슬러 올라가다 보면, 최초의 원인을 찾아볼 수도 있을 것 같았어요.

그래요. 그럴지도 모르겠어요. 마리의 소중한 알들을 죽인 최초의 원인은 논둑 옆에 새로 생긴 물길이었는지도 모르겠어요.

시멘트로 된 물길이 생겨나지 않았더라면…. 그 물길에 알을 낳지도 않았을 테죠.

그렇지만 이제 와서 이런 후회를 해 본들 아무런 소용이 없는 일이었어요.

그렇지만, 그렇지만 자꾸만 생각나는 데는 어쩔 수 없었어요. 절로 그런 생각이 드는 데는 어쩔 수 없는 노릇이었어요.

마리는 허탈감과 억누를 수 없는 슬픔에 가득 차 있었어요. 그런 슬픔을 달래기 위해 마리는 가까스로 고개를 들어 하늘을 올려다보았어요.

푸른 하늘이라도 보면 기분이 좋아질 것 같아 고개를 들어 하늘을 올려다본 것이었지요.

모든 것을 잃어버렸기 때문인지, 하늘도 갑자기 노랗게 보였어요. 이상하게도 파란색이 아니라 노란색으로 보이는 것이었어요.

'이상하다. 하늘은 파란색인데….'

이런 생각으로 하늘을 다시 한 번 올려다보았어요.

그런데 이것은 또 어찌 된 일일까요? 말라비틀어진 나뭇가지에 무엇인가가 걸려 있는 것이 아니겠어요?

'저것 때문에 하늘이 노랗게 보인 것일까? 아니면, 나의 마음이 너무 슬프고 괴롭기 때문에 노랗게 보였던 것일까?'

이런 생각으로 나뭇가지를 찬찬히 살펴보고 있었어요.

'앗! 저건.'

갑자기, 마리의 머릿속에 떠오르는 것이 있었어요.

그랬어요. 사실, 그것은 바로 민들레의 씨앗이었어요. 말하자면 미랑이의 아기씨였어요. 미랑이의 아기씨, 그중에서도 아까 보았던 바로 그 씨앗!

그 때문인지, 이런 말도 생각났어요.

'혹시 만나게 되면, 그땐 또 잘 부탁해.'

미랑이와 헤어질 무렵, 분명 이런 말을 주고받은 것 같았거든요.

그렇지만 '잘 부탁한다.'는 말이 무슨 뜻인지는 모르겠어요. 아무리 생각해 봐도 알 수 없는 일이었지요.

14

모두가
행복해질 수 있는 방법

마리는 미랑이가 한 말 속에 담긴 뜻을 알아내기 위해 온힘을 다해 생각해 봤어요.

그 말에 담긴 깊은 뜻을 알아내기 위해 생각에 생각을 계속 굴려 나갔어요. 분명, 중요한 뜻이 꼭 담겨 있을 것만 같았거든요.

미랑이와 함께했을 때의 좋은 추억들을 떠올려 봤어요.

'난 그저 미랑이 옆에서 파리를 잡아먹은 것밖에 없는데.

편히 쉬면서 맛있는 것을 잡아먹으면서 힘을 기른 것밖에 없는데…. 그렇게 힘을 기른 덕분에 여기까지 올 수 있었고….

어떻게 하면 그때 받은 도움을 갚을 수 있을까?

꼭 갚아야 할 텐데….'

이런 생각 때문인지 도움을 주고 싶다는 생각이 더욱더 솟아나는 것이었어요.

'어쩔 수 없다. 이 씨앗을 위해 내가 할 수 있는 일이 어떤 일인지 찾아보는 수밖에.

이 씨앗을 위해!'

그 순간 마리는 갑자기 알을 잃어버린 슬픔이 다시 또 생각났어요.

아기 씨앗이 알을 또 생각나게 해 준 것 같았어요. 잃어버린 자신의 알을 말이에요. 지금까지 찾아 헤맸던 자신의 그 알들을 말이에요.

'알은 모두 죽었을 거야!'

마리의 몸에서 힘이 빠져나갔어요.

'단 하나의 알이라도 좋으니, 올챙이가 된 알이 있었으면 좋겠다고 빌고 또 빌었는데.

살아 있는 아기 올챙이를 한 마리만이라도 보기 위해 여기까지 왔는데….

결국은 없었어.'

이런 생각을 하니 힘이 또 빠져나갔어요.

'하나도 없었어. 하나도….'

이런 생각을 할 때마다 힘은 더욱더 빠져나갔어요. 허탈감이 밀려왔어요. 슬픔에 젖어 삶의 의욕도 어디론지 사라지고 말았어요.

그때였어요. 바로 그때 어떤 예감이 든 것이었어요.

'혹시 어쩌면…. 그래, 그럴지도 모른다.'

좋은 않은 어떤 예감이 말이에요.

'나의 알처럼, 혹시 미랑이의 씨앗도?'

정말로 안 좋은 어떤 예감이 물밀듯이 밀려온 것이었어요.

'죽었는지도….'

자꾸 안 좋은 쪽으로만 생각이 떠올랐어요.

'모두 죽었는지도 모른다.'

왠지는 모르겠지만 마리의 마음속에는 이처럼 좋지 않은 생각들만이 드는 것이었어요.

희망을 잃고 삶의 의욕도 잃어버렸기 때문인지, 이런 부정적인 생각들만이 자꾸자꾸 떠올랐어요.

그렇지만, 사실이었어요.

시멘트 바닥에 떨어진 미랑이의 씨앗들이나, 논으로 떨어진 씨앗들이나, 물길로 떨어진 씨앗들은 모두 죽었어요. 안타깝게도 모두 죽어 버리고 말았어요.

그렇기 때문일까요? 왠지 불길한 예감에 몸서리치면서 마리는 다시 또 생각에 잠겼어요.

'만약 저것이…, 저것이 마지막으로 남은 미랑이의 아기 씨앗이라면, 어떻게 되는 것인가?'

마리는 희망과 절망의 경계선에서 갈피를 잡지 못하였고, 깊은 생각에 잠겼어요.

'그럴 수도 있지 않은가? 그럴 수도…. 마지막으로 살아남은 아기 씨앗이었는지도….

그런데 그 씨앗마저 죽어 버린다면!'

마리의 생각은 점점 더 절망 쪽으로 달려가고 있었어요.

'그렇다면 큰일인데….'

걱정이 되었어요.

'그렇지. 저대로 그냥 두면, 저것도 말라 죽을 것이고….

조금 있으면 장마철인데 장마라도 지면 물속으로 휩쓸려 들어갈 것이고….

이리저리 구르며 떠내려가다가 결국에는 또 죽게 될지도 모를 일이고….'

점점 더 걱정이 되었어요.

'그렇다면 미랑이가 그동안 그토록 소중하게 키워 온 보람은 뭐란 말인가?'

그동안 미랑이가 소중하게 키워 온 보람이 없어지는 것 같아 더욱더 안타깝고 걱정도 되는 것이었어요.

'허무하게 없어지고 마는 것이 아닌가?

그동안 들여 온 정성이, 피와 땀으로 일구어 온 온갖 정성이 사라지고 마는 것이 아닌가?'

이런 생각을 하면 할수록 허탈감이 밀려왔어요. 시간이 지날수록 더욱더 밀려오는 것이었어요.

'그러면 안 되는데, 그러면….'

울부짖고 싶었어요.

그뿐이 아니었어요. 이는 마리에게도 마찬가지였어요. 마리도 잘 자라도록, 잘 여물도록 옆에서 도와줬던 생각들이 떠올랐어요.

'나 또한 꽃봉오리를 위해, 그 속에 들어 있는 아기 씨앗들을 위해…, 얼마나 많은 노력을 했던가?'

미랑이를 도와주었던 기억들이 새삼스럽게 떠오르는 것이었어요.

'저 씨앗이 죽는다면…, 마지막일지도 모르는 저 씨앗마저 죽는다면….

그동안 쏟아부은 나의 정성도 물거품이 되고 마는 것이 아닌가?

물거품이….'

이런 생각을 하면 할수록 허탈감은 더욱더 밀려왔어요. 그동안의 정성이 쓸모없는 것이 된 것 같아 가슴이 아팠어요.

'그렇다. 미랑이의 보람을 헛되게 할 수는 없다. 그동안 쏟아부은 나의 정성도 물거품이 되도록 이대로 가만히 있을 수는 없지 않은가?'

이런 생각을 하다 보니 다리에 힘이 절로 솟아났어요. 아주 조금이었지만 말이에요. 마리는 다시 또 숨을 크게 들이쉰 다음 힘을 한번 내 보기로 했어요.

아기 씨앗을 보니 더욱더 힘이 솟았어요.

'이 세상에 태어나 한 번도 싹을 내밀어 보지도 못한 채 죽게 할 수는 없지 않은가?

위험에 처해 있는 아기 씨앗을 모른 척할 수는 없는 노릇이다.'

이런 생각에서 생겨난 힘은 온몸으로 퍼져 나갔어요.

'내가 만일 모른 척한다면 미랑이가, 그리고 아기 씨앗이 크나큰 슬픔을 맛보게 될 거야.'

아기 씨앗도 돕고 미랑이의 마음도 편안하게 해 주고 싶었어요.

'아기를 모두 잃어버린 슬픔을 미랑이에게도 맛보게 할 수는 없는 일이지 않은가?'

미랑이에게도, 아기 씨앗에게도 자기와 같은 슬픔을 맛보게 하고 싶지는 않았어요.

'그런 슬픔은, 그런 아픔은 나 혼자로서 충분하다. 다른 사람

에게는 맛보게 하고 싶지 않아.'

더욱이 미랑이에게만큼은 자신과 같은 슬픔을 맛보게 할 수는 없었어요.

'그렇다. 나 하나로서 족하다. 나 하나로서….'

이런 생각을 하다 보니 미랑이의 슬픔이 남의 일처럼 여겨지지 않았어요. 자신의 슬픔보다 더 크게 느껴지는 것이었어요.

그리고 미랑이에게 그런 슬픔을 더 이상 느끼게 하고 싶지도 않았어요. 그렇기 때문에 마리는 더욱더 깊은 생각을 해 봐야 했어요.

이런 슬픔에서 벗어나게 해 줄 수 있는 길이 있지 않을까 하는 마음으로 열심히 생각했어요.

자신이 마지막으로 무엇을 할 수 있는지를 진지하게 생각해 보지 않으면 안 되었어요. 왜냐하면 자신에게 남아 있는 힘이 얼마 되지 않았기 때문이었어요.

그동안 너무도 지쳤고 실망도 많이 했기 때문에, 새로 생긴 힘도 거의 빠져 버리고 말았지요.

그렇지만, 얼마 남지 않은 힘이었지만, 그 힘을 미랑이를 위해 그리고 이 씨앗을 위해 쓰고 싶었던 것이었어요.

'분명, 있을 것이다. 미랑이를 위해, 저 씨앗을 위해 그리고 나를 위해….'

지금 내가 할 수 있는 일이…. 나만이 할 수 있는 일이….'

마리는 지금 자신이 할 수 있는 일을 열심히 생각해 봤어요.

'내가 아니면, 어느 누구도 대신해 줄 수 없는 어떤 일이 분명 있을 거야.'

자신만이 할 수 있는 일을 찾아보았어요. 지금, 여기에서 할 수 있는 일을 말이에요.

'그 일은 분명 미랑이의 말 속에 들어있을 것이다. 잘 부탁한다는 그 말 속에….'

이렇게 절박한 심정으로 생각을 하다 보니 그때 갑자기 하나의 생각이 떠올랐어요.

'그렇다. 바로 그거다.'

생각난 것 같았어요.

'그렇게 하면 미랑이도, 저 씨앗도 나도 행복해질 수 있지 않을까?'

마침내 모두가 행복해질 수 있는 길을 찾아낸 것 같았어요.

'나의 알들도 분명히 기뻐할 거야. 잘했다고…. 나의 올챙이들도 그렇게 생각할 거야.'

정말로 좋은 방법이 생각난 것 같았어요.

그렇기 때문인지, 마리의 마음에는 벌써 어떤 결심도 서 있는 것 같았어요.

마리의 표정에는 이전에 없던 어떤 결심의 빛이 배어나고 있었어요. 그 빛은 곧 밝은 미소로 퍼져 나갔어요.

마침내 '잘 부탁한다.'는 말 속에 담긴 뜻을 알아낸 것이었어요.

미랑이의 마지막 말 속에 감추어져 있던 그 뜻을 비로소 찾아낸 것이었어요.

좋은 방법을 말이에요.

15

마지막
힘을 다하여

마리는 마지막 남은 힘을 내 보기로 했어요.

몸을 아래로 낮춘 다음, 씨앗을 향해 몸을 날렸어요. 폴짝 뛰었지요. 뛰어오르면서 혀를 쭉 내밀어 미랑이의 아기씨를 낚아챘어요.

낚아챈 다음에는 혀를 목구멍으로 말아 넣으면서 그 씨앗을 꿀꺽 삼켜 버렸어요.

씨앗을 향해 몸을 날릴 때는,

"꺅!"

하는 소리가 들려오는 것 같았어요.

"안 돼! 난 너의 먹잇감이 아니야. 난 파리가 아니라고."

이런 말소리도 들려오는 것 같았어요.

그렇지만 마리는 귀를 막아 버렸어요. 그런 소리가 들려오지 못하도록 물리쳤어요.

어쩔 수 없었어요. 이렇게 하는 수밖에….

아니, 좀 더 정확하게 말하자면 그 씨앗을 배 속에 넣어 가져가는 수밖에 다른 방법은 없었어요. 그 씨앗을 옮길 수 있는 방법은 말이에요.

이것으로써 남은 힘을 거의 다 썼기 때문에 마리는 움직일 힘조차 없었어요. 진짜 그랬어요. 씨앗을 하나 먹었다고 해서 배가 부른 것도 아니었고, 힘이 생기는 것도 아니었거든요.

그렇지만 움직이지 않으면 안 되었어요. 양지바른 땅을 찾아 움직이지 않으면….

배 속에 있는 이 씨앗이 뿌리를 잘 내리도록 도와주려면 시멘트로 된 길이나 높은 벽이 없는 곳을 찾아내야만 했어요.

그런데 지금까지 온 길에는 양지바른 땅이 없었어요. 온통 시멘트로만 덮여 있었거든요.

마리는 개울의 건너편으로 건너가 보기로 했어요. 그쪽은 높은 벽도 보이지 않았고, 시멘트로 된 길도 없어 보였거든요.

사실, 그쪽에는 초록색의 풀들이 무성하게 자라나고 있었어요. 마리는 그쪽을 향해 지친 몸을 이끌고 물속으로 뛰어들었지요.

물살을 따라 떠내려가듯 헤엄쳐 가면서 간신히 건너편의 가장자리에 닿을 수 있었어요.

그런데 힘이 없어 그런지 가장자리의 흙으로 올라가지 못하고 자꾸만 미끄러지는 것이었어요. 흙이 무너지며 물속으로 빠져들어갔어요.

마리는 몇 번이고 그런 실패를 거듭한 끝에 거의 기어가다시피 하여 흙으로 올라갈 수 있었지요.

그런 다음에는 길쭉하게 자란 풀을 헤집고, 높이 솟아 있는 개울의 둑을 향해 나아갔어요.

이런 곳에서는 뱀이 나올 수도 있었기 때문에 조심하지 않으면 안 되었어요. 여기까지 왔는데, 뱀에서 잡아먹힌다면 이 또한 허무한 일이 아니겠어요?

그럴 수는 없었어요. 절대로 그럴 수는 없는 일이었어요. 그렇기 때문에 조심하면서 한 발, 한 발 앞으로 나아갈 수밖에 없었지요.

정말 죽을힘을 다해 둑의 꼭대기를 향해 비스듬한 언덕길을 올라갔어요. 높이 올라가면 올라갈수록 좋았어요. 양지바른 곳은 높은 곳에 있었거든요.

그런 곳은 햇빛도 많이 들어오고, 바람도 많이 불어오고, 특히 장마로 인해 떠내려갈 염려가 없었어요. 그렇기 때문에 좋은 곳이었어요.

배 속에 있는 나의 아기가 잘 자라도록 도와주려면 이처럼 가장 좋은 환경을 마련해 주지 않으면 안 되었어요.

이제는 미랑이의 아기씨가 자신의 알처럼 여겨졌어요. 그리고 마지막이란 생각이 들었어요. 자신이 낳을 수 있는 마지막 알….

그렇기 때문에 마리는 이 아기씨를 위해 온 힘을 다했어요. 언덕을 향해 기어오르고 또 기어 올라갔어요. 가장 좋은 곳을 찾아서 말이에요.

그런 노력 덕분인지, 마침내 마리는 정말 좋은 곳을 찾아냈어요. 중간보다 좀 더 높은 곳에서 좋은 자리를 찾아낸 것이었어요. 높고 평평한 곳에서 아주 좋은 자리를 찾아낸 것이지요.

마리는 무성하게 자라나 있는 풀들을 헤집고, 땅을 파낸 다음 그 안으로 들어갔어요. 조금씩 흙을 옆으로 밀치며 안으로, 그러니까 좀 더 깊은 곳으로 파고 들어갔어요.

미랑이를 처음으로 만났을 때, 그 옆에 땅을 파고 들어갔던 것처럼 말이에요. 뿌리가 다치지 않도록 조심하면서 말이죠.

지금도 그때처럼 그렇게 땅을 파내고는 그 안으로 쏘옥 들어간 것이었어요.

그렇지만 이번에는 그전보다 좀 더 깊이 들어갔어요. 온몸이 다 덮일 정도로 말이에요.

그런 다음, 마리는 움직이지 않았어요.

아니, 이제는 움직일 힘조차 없었다고 하는 편이 더 정확한 표현인지도 모르겠어요.

그리고 보면 남아 있던 모든 힘을 다 써 버린 모양이에요.

크나큰
사랑으로

　얼마의 시간이 흘러갔을까요? 마리로부터 움직임이 사라진 지 얼마의 시간이 흘러갔을까요?

　하루가 지나고 일주일이 지나고 열흘이 지나고 한 달이 지나갔어요.

　다시 또 한 달이 지난 어느 날, 한 마리의 개구리가 이곳을 찾아왔어요. 기리(2달, ♂)였어요.

　"아니! 여기에 이토록 예쁜 꽃이 피어 있다니!"

　기리는 넋을 잃은 채 예쁜 꽃을 바라보고 있었어요.

　한참을 그렇게 바라보던 기리는 그 꽃 옆에 있는 흙을 파내고는 그 안으로 쏘옥 들어갔어요.

그곳에 웅크리고 앉아 나쁜 벌레나 모기가 오면 길고 긴 혀를 쭉 내밀어 낚아챘지요. 그것을 목구멍에 넣고는 꿀꺽 삼켜 버렸어요.

예쁜 꽃을 보니 지켜 주고 싶은 마음이 들었나 봐요.

왜 그런 마음이 들었을까요? 그 이유는 기리 그 자신도 모르는 일이었어요.

그랬어요. 한 달 전이었던가요? 정확히 언제인지는 모르겠지만, 마리가 죽은 그 자리에서 하나의 싹이 돋아났어요.

그렇게 돋아난 싹은 무럭무럭 자라났고 얼마 전에는 예쁜 꽃도 피운 것이었어요.

꽃대에는 눈부시게 흰 꽃이 탐스럽게 피어 있었어요.

보름달보다 더 둥근 꽃을 피운 그 꽃은 하얀 민들레였어요. 이름은 서랑(1달, ♀)이였어요.

그러니까 두 달 전쯤 어둠 속으로 빨려 들어갔던 미랑이의 마지막 씨앗은 모든 희망을 잃은 채 눈만 꼭 감고 있었지요.

그런데 이 시간이 좀 지나자 기적과도 같은 일이 일어난 것이었어요.

촉촉한 수분으로 몸이 따뜻해지는가 싶더니 겉껍질이 갈라졌거든요.

이젠 정말 죽는구나 싶었는데, 여리고 여린 뿌리가 나오려고 하는 것이 아니겠어요?

'살았구나!'

시간이 조금 더 지나자, 하나의 희망이 점점 더 크게 자라나는 것이었어요.

예쁘게 피어나고자 하는 꿈이 말이에요. 이렇게 하여 서랑이는 새로운 삶을 살게 된 것이었어요.

엄마의 마지막 꿈을 다시 또 이어 갈 수 있다고 생각하니, 너무 기뻤어요. 그리고 한시도 쉴 수 없을 만큼 바쁘게 일했고, 그 덕분에 이처럼 아름답게 피어날 수 있었어요.

이보다 더 행복할 수는 없었지요.

곰곰 생각해 보면, 그리고 그때를 되새겨 보면 오해를 한 것 같아 미안한 마음도 들었어요.

나를 낚아챈 누군가는 배가 고파서 그런 것이 아니라 나를 구해 주고 새로운 삶을 안겨 주기 위해 그랬다는 것을 알았을 때는 눈물이 날 지경으로 고마움을 느꼈어요.

그리고 다짐했어요. 나도 나를 살려 준 누군가처럼 내가 가진 것을 베풀면서 살기로 말이에요. 서로 돕고 어울려 더욱더 아름답게 피어나기로 말이에요. 더 큰 꿈을 갖고, 그 크게 꽃피우기로 말이에요.

그런 것이야말로 나를 낳아 준 엄마와 나를 살려 준 누군가에게 보답하는 길일 뿐 아니라 내가 가장 행복해지는 길이라는 생각이 들었어요.

이와 같이 서랑이는 행복했고, 옆에는 또 누군가가 있어 더욱더 행복했어요.

한편 곰곰 생각해 보면, 삶의 희망을 잃은 마리는 마지막 남은 힘으로써 미랑이의 아기씨를 살리기 위해 그처럼 힘겨운 노력을 했는지도 모르겠어요.

그리고 그런 행동이 마리에게 있어 가장 행복한 선택이었을 거예요. 죽음이 아니라 더 큰 삶을 선택한 것이기 때문이지요. 말하자면 새로운 생명의 탄생을 선택했기 때문이었어요. 미랑이를 생각하면서 말이에요.

그러고 보면, 마리는 자신이 가진 온갖 힘과 슬기로써 가장 사랑하는 한 생명을 살려 낸 것이었어요. 그동안 자기를 도와준 미랑이의 사랑에 대해 자신도 이와 같이 크나큰 사랑으로 보답한 것이었지요.

미랑이의 마지막 부탁은 결국 이렇게 완성되었어요. 크나큰 사랑으로 말이에요.

그렇기 때문일까요?

마리의 목숨이 다하기 바로 전이었어요. 그때 어떤 목소리가 들려왔어요. 하늘에서 들려오는 것 같았어요.

'나를 데려가기 위한 소리일까?'

마리가 이런 생각을 하고 있는데, 다시 또 들려왔어요.

"너의 마지막 바람을 들어주기 위해 이렇게 달려온 것이니라."

"…."

마리는 아무런 생각도 나지 않았어요.

"너의 삶은 정말 훌륭한 삶이었다. 최고의 삶을 살았다. 서로 돕고 어울려 사는 삶을."

"…."

마리는 대답할 기력조차 없었어요. 그렇지만 고개를 가까스로 들어 소리 나는 쪽을 바라보았어요.

그런데 이것은 또 어찌된 일일까요? 마리의 입과 코, 눈 등을 통해 신령스런 기운이 감돌더니 무엇인가가 꿈틀대며 새롭게 태어나는 것이었어요. 마리 그 자신은 눈치를 채지 못했지만 말이에요.

미랑이를 만났을 때부터 자라났던 사랑의 마음이 조금씩 뭉치고 뭉쳐져 크나큰 사랑으로 자라났고, 그렇게 자라난 사랑이 이제는 요정이 되어 새롭게 태어난 것이었어요. 마리의 요정으로 말이에요.

이와 같은 일이 일어나고 있는 사이에도 목소리는 계속하여 들려왔어요. 아주 근엄하면서도 사랑이 가득 담긴 목소리가 말이에요.

"그러니 너의 바람을 들어주도록 하겠다. 너는 하늘을 바라보며 이렇게 외친 적이 있었다. '하느님! 저는 많은 것을 바라지는

않아요. 한 마리라도 볼 수 있으면, 저는 그것으로 행복해요. 한 마리만이라도 볼 수 있도록 도와주세요.'라고 말이다."

"제가요? 그런 바람을요."

마리는 쑥스럽다는 듯 고개를 숙이며 아주 작은 목소리로 이렇게 말했어요.

"자! 보아라. 이것이 바로 네가 빌고 빌었던 바람이다. 모두 다 이루어졌느니라."

이런 말이 끝나자마자, 마리의 눈앞으로 과거와 현재 그리고 미래의 모습이 지나갔어요. 그중에서도 미래의 모습이 아주 뚜렷하게 보였어요.

하얀 민들레의 꽃이 아주 예쁘게 피어 있는데, 그 옆에는 옛날의 자신처럼 작은 구멍을 파고 들어가 있는 어떤 개구리의 모습이 보였어요. 아기 개구리였어요. 자신을 쏙 빼닮은 아기 개구리가 그곳에 있는 게 아니겠어요? 아기 개구리는 그곳에서 파리나 모기를 잡아먹고 있었어요.

"보았느냐?"

"예."

마리는 힘없이 대답했어요. 실은 대답할 힘도 없었지만 말이에요.

"그 아기 개구리가 바로 네가 그토록 찾아 헤맸던 알이었고, 그 알에서 생겨난 개구리였느니라. 참개구리. 이름은 기리라고 한다. 기리는 지금도 그곳에서 행복하게 살고 있느니라."

"그래요?"

마리는 깜짝 놀란 표정으로 이렇게 말했어요.

"그렇단다."

"나의 아기라고요?"

정신이 번쩍 드는 것이었어요. 자신이 낳은 아기가 살아 있었다니요? 도저히 믿을 수 없는 일이었어요. 그렇기 때문에 마리는 여전히 믿기지 않는다는 표정으로 이렇게 말한 것이었어요. 어쩌면, 다시 한 번 더 확인을 해 보고 싶은 마음에서 그렇게 말했는지도 모르겠어요.

"그렇단다."

'나의 아기였구나!'

자신이 낳은 아기라는 것이 확실시되자 마리는 기뻤어요. 정말로 살아 있었다니요. 이보다 더 기쁠 수는 없었어요.

'그렇구나! 그랬어. 그러고 보니 참 잘생겼네.'

살아 있다는 기쁨에 젖어 마리는 자신의 아기인 기리를 찬찬히 들여다보았어요. 보면 볼수록 자신을 쏙 빼닮은 것처럼 보였어요.

그리고 그 아이의 표정을 살펴보니 참 행복해 보였어요. 얼굴에 미소가 그득한 것이, 몹시도 행복해 보이는 것이었어요.

'잘됐다, 잘됐어.'

행복했어요.

'이제는 더 이상 바랄 것이 없네.'

마리는 정말 행복했어요. 아기가 행복해하는 모습을 보니 행복한 마음은 배가되었지요.

마리는 아기 개구리가 행복해하는 모습을 기쁨에 찬 눈길로 바라보며,

"고맙습니다. 저는 이제 더 이상 바랄 것이 없습니다. 더 이상 바랄 것이 없어요."

라고 말했어요. 가까스로 말이에요.

'살아 있었구나! 살아 있었어! 아기가, 나의 아기가….'
살아 있다는 것이 너무 신기했어요. 너무도 큰 기쁨이었어요.
'그토록 찾아 헤맸어도, 찾지 못했었는데….
이렇게 살아 있었다니!
고맙습니다. 고맙습니다. 하느님! 정말 고맙습니다.'

그동안 알을 찾아 헤맨 보람을 비로소 느꼈던지 마리의 얼굴에는 흐뭇하다는 표정이 감돌았어요. 마침내 만족스럽다는 웃음을 지을 수 있게 된 것이었어요.

그런 다음에는 눈물이 흘러내렸어요. 왕방울만 한 눈에서 눈물이 또르르 흘러내렸지요. 그렇게 흐르고 또 흘러내렸어요. 그 눈물은 기쁨의 눈물이었어요.

그러면서 속으로는

'고맙습니다. 고맙습니다.'

라는 말을 몇 번이나 외치고 또 외치고 있었어요.

이 말을 마지막으로 기력을 다한 마리의 목숨은 끊어졌고, 그 넋은 목소리와 함께 어둠으로 뒤덮인 하늘나라로 돌아갔어요.

그 자신의 생명이 처음으로 나왔던 그 세계로 다시 돌아간 것이지요.

한편 사랑의 마음이 뭉치고 뭉쳐져 새롭게 태어난 요정 마리는 초롱초롱 빛나는 별들과 환한 달빛 사이로 사라지는 마리의 뒷모습을 바라보며, 희미하게 들려오는 낯익은 어떤 소리에 귀를 기울였어요.

자신에게 도움을 요청하는 어떤 소리 말이에요.

그런 소리에 이끌려 크나큰 사랑을 베풀려는 마리 요정의 마음은 뜨겁게 달아올랐어요.

그 마음은 자신만이 할 수 있는 일을 찾았다는 듯 기쁨으로 바뀌어 온몸에 가득 차올랐어요.

그러는가 싶더니 어느새 행복감이 연두색의 밝은 빛과 함께 사방으로 퍼져 나갔어요.

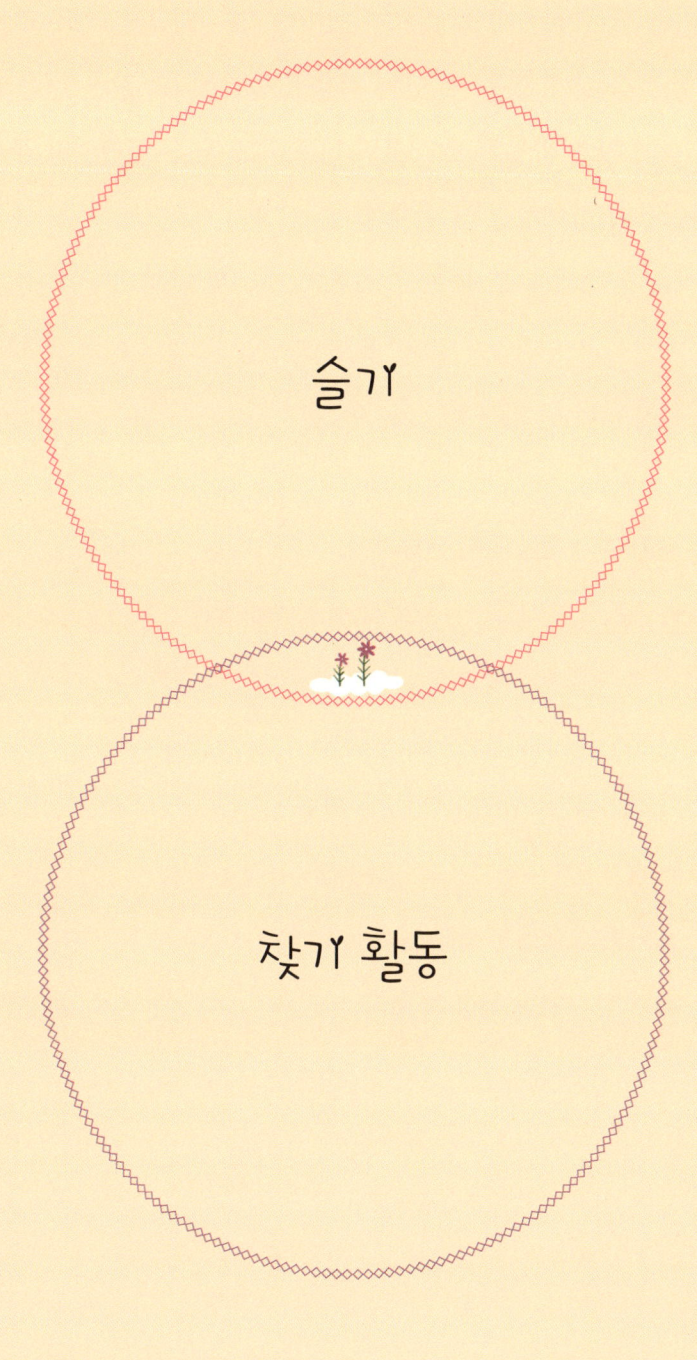

슬기란 살아가는 데 꼭 필요한 힘이다. 자신의 꿈을 키우고 주변의 것들을 크게 도울 수 있는 힘을 말한다. 이와 같은 힘을 기르는 슬기 찾기 활동은 <u>스스로의 힘으로도</u> 할 수 있겠지만 주변의 사람들과 함께하면 더 쉽게 할 수 있다.

문제들에 대해 묻고 따지고 서로의 생각을 나눠 보는 과정을 통해 깨달음을 얻을 수 있다. 또한 깨달음을 얻어 마음에 차리는 과정에서 더 큰 행복을 느낄 수 있다.

📕 **슬기 찾기 활동 문제 만들기**

1단계 기본 문제 만들기 – 상상력을 키워 주는 활동

2~3단계 심화 문제 만들기 – 통찰력을 키워 주는 활동

- 2단계 : 둘이서 할 수 있는 활동
- 3단계 : 여럿이서 할 수 있는 활동

4단계 배경 문제 만들기 – 더 깊은 깨달음을 얻는 활동

💡 **슬기 찾기 활동의 방향 살펴보기**

🎤 **슬기 찾기 활동 직접 해 보기**

📖 슬기 찾기 활동 문제 만들기

1단계 각 장에서 찾아볼 수 있는 기본 문제

줄거리를 파악할 수 있는 가장 기본적인 질문으로 구성되어 있다. 이 밖에도 읽으면서 궁금한 것이 있으면 질문의 형식으로 문제를 만들어 보고 그 답을 자유롭게 찾아보자.

- 미랑이는 바람님에게 왜 놀아 달라고 했나요?
- 달님이 미랑이에게 알려 준 것은 무엇인가요?
- 미랑이는 왜 해님과 놀고 싶어 했나요?
  그리고 어떤 다짐을 하나요?
- 마리는 왜 논으로 가려 했을까요?
  그런데 왜 가지 못했을까요?
- 마리는 어떻게 하여 물길에서 빠져나왔나요?
  빠져나온 다음 깨달은 것은 무엇인가요?
- 미랑이는 자신의 꽃봉오리를 먹잇감으로 착각한 마리에게 어떤 말을 하며 마리의 마음을 진정시켰나요?
- 미랑이와 마리는 서로 어떤 약속을 하나요?
  그 약속은 잘 지켜졌나요?

- 미랑이는 마리에게 어떤 희망을 주었나요?
  그리고 미랑이는 마리에게 마지막으로 어떤 부탁을 했나요?

- 미랑이는 아기 씨앗들을 잘 보호하기 위해 어떤 것을 생각해 냈나요?

- 아기 씨앗들은 날아가기 전에 어떤 말을 했나요?
  그리고 날아간 다음에는 어떻게 되었나요?

- 건너편으로 건너온 마리는 어떤 행동을 했나요?
  그리고 그 결과는 어떠했나요?

- 알을 찾아 헤매던 마리는 무엇을 보았나요?
  그리고 개울로 나올 무렵, 마리는 어떤 바람을 말했나요?

- 개울로 온 마리는 살고자 하는 힘을 왜 잃었나요?

- 마리는 미랑이를 돕기 위해 어떤 결심을 했는지 상상하여 말해 봅시다.

- 마리는 미랑이의 아기씨를 돕기 위해 어떤 행동을 했나요?

- 마리는 결국 자신의 아기를 찾았나요?
  그때의 마음은 어떠했을까요?

 **내가 만들어 본 문제**

…▸

…▸

2단계 둘이서 생각을 나눠 볼 수 있는 문제

깨달음을 얻기 위한 질문으로 구성되어 있다. 책을 읽는 과정에서 궁금한 것을 묻고 따지고 서로의 생각을 나눠 보는 과정을 통하여 자신에게 필요한 슬기를 얻고자 하는 것이다.

어느 단계이든 자신의 궁금증을 바탕으로 하는 것이 좋다. 생각을 나눠 보는 과정에서 자신에게 필요한 슬기를 얻을 수 있기 때문이다. 슬기를 보는 눈도 그만큼 더 자라난다.

◆ 가장 인상 깊은 장면이나 감동받은 부분이 있다면 서로 의견을 나눠 보고 각자 글이나 그림으로 표현하여 봅시다.

◆ '7장'에서 마리와 미랑이는 서로 돕기로 결심합니다.
'내가 그 꽃을 잘 피울 수 있도록 잘 지켜 줘야지.'
라는 생각이 마리의 마음속에 떠올랐고, 또 자리를 굳게 잡아 나갔어요.
어쩌면 그와 같은 '보살핌'이 마리가 미랑이에게 되돌려줄 수 있는 보답이었는지도 모르겠어요. 먹이와 편히 쉴 곳을 제공해 준 데 대한 보답 말이에요.
이와 같이 미랑이와 마리는 서로 도우며 잘 지냈어요. 그렇게 행복한 나날이 며칠이나 계속되었어요.

- 마리와 미랑이는 서로 어떻게 도우며 살아가고 있나요?
- 이와 같은 마음을 사랑의 마음이라고 할 수 있을까요?
  있다면(없다면) 그 이유를 말해 봅시다.
- 여러분이 생각하는 사랑은 어떤 모습인가요?
  여러분이 생각하는 사랑은 무엇인지 서로 이야기해 봅시다.
- 이와 같은 마음을 우정이라 할 수 있을까요?
  있다면(없다면) 그 이유를 말해 봅시다.
- 여러분이 생각하는 우정은 어떤 모습인가요?
  여러분이 생각하는 우정은 무엇인지 서로 이야기해 봅시다.
- 사랑과 우정은 같은 것일까요? 아니면 서로 다른 것일까요?
  공통점과 차이점을 찾아봅시다.
- 사랑(또는 우정)을 잘 지켜 나가려면 어떻게 해야 할까요?

◆ '7장'에서 마리와 미랑이는 이와 같이 말합니다.

미랑이도 슬픔에 찬 표정으로 다시 또 살짝 물어봤어요.
"어떤 사고였는데?"
"저 아래의 물길에 내 알을 낳아 놓고 왔는데, 그만 세찬 물줄기가 한꺼번에 흘러내렸어. 그래서 그만 그 물살에 내 알들이 휩쓸려 떠내려가고 말았지."

"아니, 저런. 그렇게 슬픈 일이…."

마리의 사연을 듣고 미랑이도 슬펐어요. 미랑이는 여러 가지 말로써 마리의 슬픈 마음을 위로해 줬어요.

그러면서도 속으로는 자신의 꽃봉오리를 더욱더 소중히 여기고 잘 지켜야겠다는 다짐도 했어요.

그뿐이 아니었어요. 마리와 처음 만난 그때, 그러니까 자신의 꽃봉오리를 아기집이라고 했을 때, 공격을 왜 멈췄는지도 이해할 수 있었어요.

마리가 왜 그렇게 슬픈 모습을 보였는지도 알 수 있을 것 같았어요.

'자신이 낳은 알이 보고 싶고, 걱정이 되어서 그렇게 그렁그렁한 눈물을 보였던 것이었구나!

엄마였기 때문에, 엄마!'

어머니의 마음을 이해하자, 미랑이도 울고 싶을 만큼 슬퍼졌어요.

- 마리의 사연을 듣고 미랑이는 어떤 마음이 들었나요?
- 서로를 이해하지 않고도 사랑할 수 있을까요?
- 공감과 사랑의 관계에 대해 말해 봅시다.

- 사랑이란 무엇일까요?
- 사랑에 필요한 마음(요소)이 있다면 말해 봅시다.
- 사랑을 잘하려면 어떤 마음을 길러야 할까요?

 내가 만들어 본 문제

3단계 여럿이서 생각을 나눠 볼 수 있는 문제

이 단계는 셋 이상의 사람들과 의견을 나눠 볼 수 있는 질문들로 구성되어 있다. 종합적인 사고력을 필요로 한다. 자신에게 필요한 슬기를 얻는데 그 목적을 두고 있다.

◆ 살고자 하는 힘은 어떨 때 강해지고, 어떨 때 잃게 되나요?

◆ 5장에서 미랑이와 마리는 이렇게 대화합니다.
점점 더 튼튼해져 가는 마리를 대견스럽게 바라보며 미랑이는,
"이제는 뛸 수 있지 않을까?"

라고 말해 보았어요.

"뛰다니, 어디로?"

"어디긴? 저 건너편이지."

미랑이는 건너편을 가리키며 말했어요.

"저 건너편으로?"

마리는 깜짝 놀라며 건너편을 바라보았어요. 바라만 봐도 왠지 모르게 가슴이 뭉클하고 콩닥콩닥 뛰는 것이었어요.

- 미랑이는 마리가 어떻게 하기를 바라고 있나요?
- 미랑이의 마음은 어떤 마음이라고 할 수 있을까요?
- "이별은 더 큰 사랑"이라는 말이 있습니다.
  이때도 사랑이라 할 수 있을까요?
  할 수 있다면(할 수 없다면) 그 이유는 무엇일까요?
- 부모와 자녀 사이에도 이런 사랑이 있을 수 있을까요?
- 친구 간의 우정에서도 이런 모습을 엿볼 수 있을까요?
- 선생님과 학생 사이에서도 이런 모습을 찾아봅시다.

◆ '9장'을 보면 미랑이는 자신의 아기씨를 보호하기 위해 아래와 같은 행동을 합니다.

그리움에 젖어 마리가 있던 곳을 바라보며 지내던 어느 날, 미랑이에게 아주 좋은 생각이 떠올랐어요.

'옳지. 그러면 되겠구나!'

미랑이는 마리가 있던 곳을 다시 한 번 좀 더 자세히 살펴봤어요. 잘 살펴보니 지금도 그대로였어요. 마리가 옆에 있을 때, 파고 들어갔던 굴이 그대로 있는 것이었어요.

얼마 전인가 한번은 바람이 세게 불고 비가 내린 적이 있었어요. 그 때문에 옆의 흙이 조금 무너져 내렸지만 그래도 좋았어요.

그곳을 잘 이용하면 안전하게 아기 씨앗들을 보호하며 잘 여물게 할 수 있을 것 같았어요.

미랑이는 말라비틀어진 꽃봉오리를 정말 소중한 보물을 다루듯, 조심스럽게 다루며 아래로, 아래쪽으로 내리기 시작했어요.

- 식물에게도 마음이 있을까요? 있다면 그 이유를 써 봅시다.
- 이와 같은 행동은 본능적으로 하는 것일까요?
  그렇다면 그 이유를 써 봅시다.
- 민들레는 실제로 이런 행동을 할까요?
  사실인지 여러 가지 자료를 이용하여 알아봅시다.
- 민들레는 슬기로운 식물이라고 합니다.
  이 밖에도 민들레는 어떤 슬기를 갖고 있는지 찾아봅시다.
- 바람과 달과 해는 식물에게 어떤 역할을 할까요?

그리고 사람에게는 어떤 역할을 할까요?

◆ '16장'에서 목소리는 마리에게 이런 말을 합니다.

"너의 삶은 정말 훌륭한 삶이었다. 최고의 삶을 살았다. 서로 돕고 어울려 사는 삶을."

- 마리는 정말 훌륭한 삶을 살았다고 생각하나요?
  그 이유를 말해 봅시다.
- 훌륭한 삶은 어떤 삶인지 자신의 의견을 말해 봅시다.

내가 만들어 본 문제
…▶

4단계 이 이야기의 배경이나 주제와 관련된 문제

이 단계는 이 이야기의 배경이나 주제와 관련된 문제들을 생각해 볼 수 있는 문제들로 구성되어 있다. 전문적인 영역이다. 깊이 있는 사고력을 요구한다.

◆ 본 이야기는 "푸르고 푸른 하늘에서 밝고 맑은 햇살이 내려왔어요. 눈이 부시도록 내려왔어요. 그렇게 내려온 햇살은 그늘 한 점 없는 시멘트 위에서 이리저리 튀어 나갔어요."라는 말로 시작한다. 여기에 나오는 '빛'이란 낱말이 의미하고 상징하는 바는 나라마다 다르다. 한국 사람들은 이 낱말에 어떤 의미를 담아 왔을까?

◆ 살아간다는 것은 주변의 모든 것들과 끊임없이 주고받는 과정이다. 날숨과 들숨을 통하여 끊임없이 주고받으며 살아가고 있다. 예외란 있을 수 없다. 멈출 수도 없다. 멈춘다는 것은 곧 죽음을 의미한다. 호흡만이 그런 것은 아니다. 먹는 것도 그렇고 움직이는 것도 모두 그렇다.

그렇기 때문에 이 이야기의 1장은 미랑이가 바람님과 서로 주고받고 서로 돕고 어울리는 과정으로 시작한다. 서로 주고받고 서로 돕고 어울림으로써 모두가 행복한 삶을 추구하고 있다.

그런데 주고받는 형태에는 여러 가지가 있다. 어떤 형태가 있을지 생각해 보고, 그중 가장 귀한 형태는 어떤 형태일까?

◆ 한국말에서 사랑이란 말은 '어떤 것을 몹시 아끼고 귀중히 여기는 마음' 또는 '크게 돕는 마음'을 말한다. 본 이야기는 마리

의 사랑을 통하여 미랑이와 더 큰 하나로 어울려 사는 삶을 그려 내려 했다. 그런데 우리의 둘레를 살펴볼 때 이와 같은 사랑도 여러 가지 관계 속에서 이루어진다. 어떤 관계가 있을 수 있는지 살펴보고, 공통점은 무엇인지 알아본 다음, 자신이 생각하고 있는 사랑은 어떤 사랑인지 말해 보자.

◆ 요즘은 농촌에서도 개구리의 울음소리를 듣기 어렵다. 농지 정리를 하면 논둑과 논둑 사이에 경운기나 트랙터가 다닐 수 있는 포장도로(시멘트나 아스팔트로 만든 길)가 생기고 그 옆에는 물길이 생기는데, 디귿 자를 위로 세워 놓은 모양(⊐)으로 그 물길을 만들어 놓기 때문에 개구리들은 논으로 들어갈 수 없게 된다. 논에 개구리 알을 낳지 못하기 때문에 개구리의 개체 수는 점점 줄어들고 있다. 크고 작은 하천도 마찬가지이다. 자전거 도로와 하천도로는 물가에 사는 동물들의 삶을 어렵게 만들고 있다. 개구리 따위의 양서류나 파충류들이 다른 동물들과 서로 도우며 살아가기 위해서는 어떤 환경이 필요한지 알아보자.

 내가 만들어 본 문제

⋯▶

💡 슬기 찾기 활동의 방향 알아보기

◆ 한국인은 빛이란 말에 어떤 슬기를 담아 왔을까?

미랑이에게 빛은 자신이 성장하는 데 필요한 영양분을 얻기 위해 꼭 필요한 것이었다. 물론 이 빛은 하늘에 떠 있는 태양에서 나오는 빛으로서 미랑이, 즉 민들레인 식물들뿐 아니라 강아지나 고양이 등의 동물, 그리고 흙이나 물, 불, 돌, 바람 등의 무기물 등에도 꼭 필요하다.

그와 같은 빛은 우리들뿐 아니라 우리들이 쓰고 있는 물건들에게도 마찬가지이다. 빛이 없다면 이 세상의 온갖 것들은 그 삶을 이어 갈 수 없다. 빛이 없는 어둠 속에서 살아갈 수 있는 것은 없다. 이처럼 이 세상의 모든 것들은 빛을 통해 그 삶을 이어 가고 있는 것이다.

👤 학부모 및 교사를 위한 안내

단군신화를 보면 빛은 아래 세상을 다스리는 환한임금님의 다스림의 도구였다. 그는 바람을 다스리는 바람 스승님과 비를 다스리는 비 스승님, 구름을 다스리는 구름 스승님이라는 신하들과 함께, 그리고 환한님을 따라 내려온 무리 3000, 즉 하늘나라의 백성들과 함께 이 누리를 다스려 나간다. 뭇 생명들을 크게 꽃피워 보겠다는 자신의 꿈을 이루어 간다.

그와 같은 빛으로서의 다스림은 그의 아들인 단군으로 이어졌다. 즉, 빛으로써 이 세상을 다스린다는 뜻의 광명이세(光明以世)는 단군이 세운 고조선의 통치이념 중의 하나였다. 그뿐 아니라 그와 같은 이념은 이 땅에 세워진 나라의 통치 이념으로 면면히 이어져 내려왔고, 1948년 8월 15일 대한민국의 정부가 수립되었을 때도 그 이념은 계속 이어져 오늘에 이르고 있다.

또한 빛이 이 세상에 있는 온갖 것들에게 골고루 퍼져 나가 그 나름대로의 자질을 꽃피울 수 있도록 크게 돕는 것처럼, 우리들도 자신이 가진 능력을 크게 키워야 할 뿐 아니라 나를 둘러싼 것들도 크게 그 자질을 꽃피울 수 있도록 힘써야 할 것이다. 환한님이 그런 것처럼, 환한님의 뜻을 이어받은 역대의 단군들이 그런 것처럼, 우리들뿐 아니라 우리의 자녀들도 그들의 후손이라고 자처한다면 마땅히 그렇게 해야 할 것이다.

이와 같이 우리들에게 있어 빛이란 삶의 바탕이며 다스림의 도구였다. 1945년 8월 15일 일제의 압제로부터 해방되었을 때도 그 날을 해방절이라 하지 않고 광복절, 즉 빛을 되찾은 날이라 이름 붙인 것은 어찌 보면 당연하다. 그만큼 빛이 우리 한국인에게 있어 갖는 의미는 엄청나게 크다 할 것이다.

빛의 역할 및 빛이 갖는 상징성을 우리 아이들에게 바르게 알려 줄 필요가 있다.

◆ 산다는 것은 무엇일까?

　산다는 것은 어찌 보면 숨을 들이쉬고 내쉬는 것이다. 밥을 먹고, 손과 발, 몸과 마음 등을 계속해서 움직이는 것이다. 그러는 가운데 꿈을 아름답게 가꾸어 가고, 그러는 과정에서 행복을 추구하는 것인지도 모르겠다. 이와 같이 산다는 것은 나와 나를 둘러싼 것들과 끊임없이 주고받는 과정으로 되어 있다. 숨을 통해서, 밥을 통해서, 몸과 마음을 통해서 주고받는 과정으로 이루어져 있는 것이다.

　한편 주고받는 과정을 자세하게 살펴보면 크게 세 가지로 나누어 볼 수 있다. 즉, '빼앗아 사는 삶', '1대 1 교환으로서의 삶', '대가 없이 베푸는 삶'이 그것이다.

　빼앗는 삶은 남의 것을 빼앗아 살아가는 것을 말한다. 이런 삶은 동물의 세계에서 많이 볼 수 있다. 또한 이런 삶은 힘의 행사를 정당화할 수 있기 때문에 경계해야 한다.

　대부분의 주고받는 과정은 1대 1 교환이다. 하나를 주었기 때문에 받아야 하고, 하나를 받았기 때문에 하나를 주어야 한다고 생각하는 삶이다. 그렇지만 사람됨이나 사람다움을 추구한다면 이와 같은 빼앗는 삶이나 1대 1 교환적인 삶에 머물러 있어서는 안 된다. 이는 나를 둘러싼 것들에게 베푸는 삶을 살지 않으면 안 된다는 뜻이다. 조건 없이 베푸는 삶을 살아야 한다는 말이다.

　우리는 이와 같은 마음이나 삶의 과정을 환한님과 그의 후손들의 삶에서 살펴볼 수 있다. 즉, 그 마음이 바로 환한님이 아래 세상으로 내려올 때 지녔던 마음이요, 홍익인간의 핵심이며, 사람됨이나 사람다움의 핵심이라는 뜻이다.

　본 이야기에서는 마리의 삶을 통하여 이와 같은 마음을 보여주려 했다. 그뿐 아니라 우리들의 주변에서 이런 마음을 찾아보면 어머님의 마음이 있다. 아무런 대가 없이 자연과 사물, 사람을 대상으로 봉사 활동을 하는 사람들의 마음이 여기에 속한다. 다 함께 행복한 사회를 만들기 위해 돌봄과 나눔을 실천하는 사람들도 그렇다(슬기교육 시리즈 1 『곰은 왜 사람이 되려고 했을까?』, 126~129쪽). 일상적인 삶을 통해 이와 같은 마음을 실천함으로써 우리는 사람다운 사람이 될 수 있고, 우리로서의 더 큰 어울림을 이룩해 갈 수 있다.

　한편 서로 도우며 살아가는 삶의 모습을 우리는 '살림'이란 말의 분석을 통해서도 확인해 볼 수 있다. 살림이란 말은 살아가는 일, 즉 살면서 살리는 일을 말한다. 이는 살아가는 일을 통하여 자신의 둘레에 있는 온갖 것들을 살리며 살아간다는 뜻이다. 즉,

사람은 살아가는 일을 통하여 자신을 아름답게 가꾸어 가는 동시에 자신을 둘러싼 것들도 아름답게 가꾸어 가는 것을 말한다.

이와 같은 살림은 한 사람으로서 끝나는 것이 아니다. 각 가정뿐 아니라 한 나라에서도 이루어진다. 이는 '가정 살림'이나 '나라 살림'이란 낱말에 잘 나타나 있다. 가정 살림이란 각 가정에서의 모든 활동이 살아가는 활동이면서 살리는 활동을 뜻하고, 나라에서 하는 모든 활동 또한 한 나라를 아름답게 가꾸어 가는 활동을 뜻하기 때문이다.

이처럼 우리의 조상들은 살면서 살리는 활동을 살림이라는 말에 담아 늘 자신과 자신을 둘러싼 세계를 아름답게 가꾸어 왔다. 살림을 통하여 자신을 아름답게 가꾸어 왔고, 그와 동시에 자신을 둘러싼 이 누리를 더욱더 아름답고 생명이 넘치는 곳으로 가꾸어 온 것이다.

🔔 학부모 및 교사를 위한 안내

이 세상에서 사람이 가장 귀하다고 하는 것은 사람의 생명 그 자체에 있기보다는 나를 둘러싼 다른 것들을 보살피고자 하는 마음이 있기 때문이다. 대가 없이 보살피고자 하는 하느님의 마음이 있고, 이를 실천하기 때문일 것이다. 그렇기 때문에 우리 아이들로 하여금 어렸을 때부터 자신을 둘러싼 것들과의 관계에서 이런 마음이 나타날 수 있도록 돕는 것이 중요하다. 자신의 성장뿐 아니라 둘레의 것들을 크게 도울 수 있는 마음의 바탕을 크게 다질 수 있도록 도와줘야 한다.

◆ **사랑이란 무엇인가?**

이 질문에 대한 답을 찾는 것만큼 어려운 것도 없다. 아주 어렵게 찾았다 하더라도 자기 혼자만의 답일 가능성도 크다. 그렇지만 우리는 이에 대한 답을 우리들이 쓰고 있는 말을 통해 엿볼 수 있다. 한국인은 그동안 그 말 속에 수없이 많은 슬기를 집어넣었고, 그런 슬기를 입에서 입으로 전해 내려왔다. 그러면 그 말 속에 어떤 슬기를 담아 왔는지 살펴보는 것도 좋은 일인 것 같다.

사랑이란 말은 '어떤 것을 몹시 아끼고 귀중히 여기는 마음' 또는 '크게 돕는 마음'을 말한다(네이버 국어사전). 이 이야기에서는 이런 마음을 미랑이와 마리의 생각과 행동을 통해 보여 주고자 하였다. 즉, 개구리라는 동물과 민들레라는 식물을 초월한 더 넓고 더 큰 사랑을 보여 주고자 하였다. 서로가 서로를 아끼고 소중히 여기고 그 자질을 꽃피울 수 있도록 크게 돕는 모습을 보여 주고자 하였다. 그리고 이런 모습을 우리의 일상생활에서 찾아보면, 아무런 대가 없이 자녀나 제자가 가진 자질을 한껏, 그리고 아름답게 키워 주고자 하는 어머니나 선생님의 마음과 행동에서 찾아

볼 수 있다.

이와 같은 사랑을 잘하려면 큰 헤아림뿐 아니라 크게 돕고자 하는 마음이 없으면 안 된다. 이는 상대방에 대한 바른 지식뿐 아니라 돕고자 하는 노력이 필요하다는 말이다. 적절한 표현 방법을 익히지 않으면 안 된다. 이와 같은 표현은 태어날 때부터 절로 이루어지는 것이 아니다. 매일매일의 실천을 통하여 몸에 익히지 않으면 안 되는 것이다.

 학부모 및 교사를 위한 안내

사랑은 그 관계에 따라 조금씩 다르게 나타날 수 있다. 즉, 자녀에 대한 사랑, 제자에 대한 사랑, 남녀 간의 사랑, 신에 대한 사랑, 동식물 및 내가 태어난 마을이나 나라 등에 대한 사랑 등 그 형태는 여러 가지일 수 있다.

그렇지만 그 속에 흐르고 있는 마음은 하나라고 본다. 그것은 바로 나와 나를 둘러싼 것들을 소중히 여기고 그 자질을 그 나름대로 꽃피울 수 있도록 크게 돕고자 하는 마음이다. 이 마음이 없다면 그 사랑은 제대로 된 사랑이라 할 수 없다.

또한 사랑은 상대방을 크게 돕는 과정뿐 아니라 더 크게 헤아리고 돕기 위한 과정에서 자신의 능력과 자질을 더욱더 크게 꽃피워 가게 된다. 그렇기 때문에 사랑은 너와 나, 그리고 우리를 둘러싼 세상을 아름답게 가꾸어 가는 힘이라 하지 않을 수 없다.

본 이야기에서는 '마리'의 삶을 통해, 즉 마리의 말과 행동, 깊은 헤아림을 통해 크나큰 사랑의 마음을 보여 주려 했다. 상대방을 크게 돕고 자신의 새로운 능력을 찾아내고 자신을 둘러싼 주변의 삶을 더욱더 아름답게 가꾸어 가는 그런 사랑을 그리고자 했다. 그처럼 위대한 사랑의 힘을 보여 주고자 했다.

앞으로는 우리 아이들에게도 너와 나를 아름답게 가꾸어 가는 크나큰 사랑의 마음이 자라날 수 있도록 힘써야 할 것이다. 또한 이를 위해서는 먼저 그 마음의 바탕을 더욱더 크게 키워 주지 않으면 안 된다. 작은 그릇에는 많은 것을 담을 수 없는 법이다. 그렇기 때문에 그릇을 먼저 키워 주는 작업이 선행되지 않으면 안 되는 것이다. 그런 마음들 중의 하나가 바로 용서하는 마음이다.

사실, 요즘에는 사랑을 표현할 줄 모르고, 자기만 알고 위할 줄 아는 아이들이 부쩍 늘었다. 이와 같은 이기적인 마음의 바탕 위에서는 사랑의 싹이 자라날 수 없다. 이런 아이들에게는 자기중심성에서 벗어나 둘레의 것들을 서로 돕고 어울려 살아갈 수 있는 마음의 바탕을 넓혀 줄 수 있도록 해야 할 것이다. 그중에서도 특히 용서하는 마음을 길러 줄 필요가 있다. 용서하는 마음으로 너그럽게 볼 수 있는 만큼 사랑도 깊이 있고, 넓게 할 수 있는 것이다.

　또한 요즘에는 어렸을 적에 사랑을 받지 못하여 애정 부족으로 인한 도벽, 반항, 다툼, 동식물 학대 등 이상 행동을 보이는 아이들도 있다. 이런 아이들도 바르고 따뜻한 마음을 가질 수 있도록 더 큰 관심과 사랑을 갖고 보살피고 지도해 나가야 한다.

　용서와 너그러움은 사랑하는 마음을 가꾸어 주는 데 큰 도움이 될 것이다.

◆ 삶의 터전을 어떻게 지켜 줄 수 있을까?

　살아 있는 생명에게는 그 생명을 유지하고 성장시키기 위한 삶의 터전이 필요하다. 이 말을 바꿔 말해 보면, 삶의 터전이란 그 생명이 그 나름의 삶을 누리고 행복을 추구하는 기본 조건이 된다는 뜻이다.

　그런데 그와 같은 삶의 터전이 사람의 행복을 위해 많이 훼손되어 왔다. 특히 동식물의 관점에서 사람이 하고 있는 각종 공사나 시설물을 바라보면 사람만큼 좋다는 생각은 들지 않을 것이다. 개구리들이 살고 있던 곳에 사람들이 편히 쉴 수 있는 공원을 만든다고 할 때, 이 이야기의 주인공인 마리는 찬성할 것인가?

　사람들이 논농사를 짓기 위한 논에 물길을 새로 내게 됨으로써 삶의 터전을 잃어버린 마리는 자손을 퍼트리기 위한 번식조차 제대로 못 한다. 이와 같은 마리의 마음, 즉 개구리의 마음이나 심리, 삶을 영위할 수 있는 생태 조건을 고려하여 물길을 만들었다면 마리는 삶의 터전을 잃지도 않았을 것이고, 불행에 빠지지도 않았을 것이다.

사실, 본 이야기는 삶의 터전을 잃은 동식물의 삶을 사실적인 관점에서 묘사하고자 많은 노력을 기울였다. 이 말은 곧 이야기의 줄거리는 꾸며낸 것이지만, 그 속에 묘사되어 있는 배경은 사실이라는 말이다. 그러고 보면 이 이야기는 여러 가지 원인으로 인해 삶의 터전을 잃은 동식물을 보호하고자 하는 마음을 암암리에 길러 주기 위해 쓰였다 해도 지나친 말이 아닐 것이다.

논둑의 물길뿐 아니라 사람이 살기 위한 건물을 짓고, 길을 내고, 자전거 도로를 만든다 하더라도 그로 인해 동식물의 삶의 터전을 빼앗으면 안 될 것이다. 사람의 행복뿐 아니라 그 사람과 더불어 살아가고 있는 동식물들의 행복도 생각해 보고, 그에 알맞은 배려를 하지 않으면 안 된다.

한국인은 사람과 그 사람을 둘러싼 것들의 삶과 행복을 위해 노력해 왔다. 단군신화 속에 나오는 환한님이 그러했고, 그 뜻을 이어받은 곰님과 단군이 또한 그러했다. 그들의 후손들인 우리들도 그분들의 뜻을 이어받아 누리의 온갖 것들이 그 나름의 자질을 꽃피우는 아름다운 대한민국을 만들어 갈 수 있도록 노력해야 한다.

 학부모 및 교사를 위한 안내

크게 헤아리고 사랑할 수 있는 마음의 바탕을 넓혀 주도록 해야 할 것이다.

한편 개구리는 알을 낳을 때 암컷 혼자 낳지 않는다. 수컷이 필요하고, 암컷이 알을 낳으면 수컷이 바로 수정을 해 주어야 한다.

그런데 이 이야기의 5장에는 이런 장면이 나오지 않는다. 과학이나 생물에 관심이 많은 아이라면 이런 것에 의문을 느낄지도 모르겠다. 이런 아이는 헤아림과 통찰력이 매우 뛰어난 아이임에 틀림없다. 동물이나 식물의 보호뿐 아니라 둘레의 사람과도 크게 도우며 어울려 살아갈 마음의 바탕이 갖춰진 것으로 보이기에 많은 칭찬과 격려를 해 주어야 할 것이다.

슬기 찾기 활동 실제로 해 보기

◆ 문제 [제목]

◆ 이 문제를 선택한 이유나 궁금한 점

◆ 스스로 생각하며 풀어낸 점

◆ 새롭게 생겨난 궁금증

◆ 생각을 나눠 보는 과정에서 새롭게 알게 된 점

◆ 새롭게 생겨난 궁금증 및 해결 방안

◆ 깨달은 점 정리 및 현실 적용 방안 탐색

◆ 유의할 점 알아보기

📎 슬기 모음집(또는 탐구보고서) 만들기 : 정리한 것을 바탕으로 하여 다양한 방식으로 재미있게 표현해 봅시다.